U0688596

门文学艺术

文学

物系列专

联合会 编

陈伯吹

中国文史出版社

图书在版编目（ＣＩＰ）数据

电影评论家陈飞宝 ／ 厦门市文学艺术界联合会编
. -- 北京 ： 中国文史出版社，2024.6
（厦门文学艺术人物系列专辑）
ISBN 978-7-5205-4658-4

Ⅰ．①电… Ⅱ．①厦… Ⅲ．①陈飞宝－事迹 Ⅳ.
①K825.78

中国国家版本馆CIP数据核字(2024)第081326号

责任编辑：刘华夏
小传撰稿：李　阳

出版发行：**中国文史出版社**
社　　址：北京市海淀区西八里庄路69号院　　邮编：100142
电　　话：010－81136606　81136602　81136603　81136605（发行部）
传　　真：010－81136655
印　　装：厦门中天华成文化传媒有限公司
经　　销：全国新华书店
开　　本：185×260　1/16
印　　张：10.25
字　　数：152 千字
版　　次：2025年2月北京第1版
印　　次：2025年2月第1次印刷
定　　价：90.00元

文史版图书，版权所有，侵权必究。
文史版图书，印装错误可与发行部联系退换。

《厦门文学艺术人物系列专辑》编委会

主　任：陈　影

副主任：王　元　　陈春洋　　苏　璇

委　员：李长福　　刘堆来　　杨景初　　张立平

　　　　林丹娅　　曾学文　　陈　斌

《电影评论家　陈飞宝》编委会

策划制作：厦门文广影音有限公司

总 策 划：陈　影　钟　元

主　　编：陈元麟

主任编辑：杜杉杉　　黄永成

编　　辑：黄焜杭

装帧设计：邹雨洁

统　　筹：杨秀晖

总序

　　素有"海上花园"弥誉的厦门四季如春，人文荟萃。

　　中华人民共和国成立以来，尤其是建设经济特区以来，厦门市委、市政府一手抓经济建设，一手抓文化建设，全市文艺事业生机勃勃、硕果累累，文学、戏剧、电影、电视、音乐、舞蹈、美术、摄影、书法、曲艺及民间文艺等领域，呈现繁花似锦、姹紫嫣红的生动局面，涌现出许多优秀作家、艺术家。这些文艺界代表人物对厦门的文艺事业做出过积极贡献，产生过积极影响，为厦门文化建设注入了丰富的内涵，是不可多得的文化资源和精神财富。

　　为了进一步贯彻落实党的文艺方针政策，传承与发展厦门市文艺事业，推动厦门文化大发展大繁荣，厦门市文联决定编辑出版《厦门文学艺术人物系列专辑》，以音像和图文记录的方式，生动再现厦门文艺界代表人物的亮丽风采，总结他们毕生从事文艺创作的宝贵经验。

　　我们希望，这套系列专辑的出版发行，能让更多的人近距离、多视角地了解厦门文艺事业的发展，更亲切地感受厦门文艺界人物的无私奉献和辛勤努力。

　　我们相信，先人匠心独运的艺术创造将成为后人的精神资源，前辈攀登的高峰将成为后辈接力前行的起点。

　　江山代有才人出。我们正经历着一个伟大的时代，而伟大的时代又必然催生伟大的文学艺术作品和优秀的作家、艺术家。一切有理想、有抱负的文艺工作者，都要担起时代赋予的神圣使命，更加自觉、更加主动地追求德艺双馨，更好地履行"人类灵魂工程师"的神圣职责，积极投身于高质量的厦门建设，努力创作出无愧于我们这个朝气蓬勃时代的精品力作。

《厦门文学艺术人物系列专辑》编委会

目录

第三辑　社会评价

第四辑　附录

第一辑 小传

　　陈飞宝，原籍福州，1940年5月18日在厦门出生，1980年12月至今，在厦门大学台湾研究院（前身为台湾研究所）先后任编辑、助理研究员、副研究员、研究员，长期专职研究台湾电影电视、台湾传播媒体。参与承担中国社会科学院"七五"规划重点研究课题"台湾新闻事业史"、主持中国艺术科学"九五"规划艺术研究课题"当代台湾电影电视剧研究"。出版个人专著《台湾电影史话》及《台湾电影史话（修订本）》《台湾电影导演艺术》《当代台湾传媒》《当代台湾媒体产业》，合作出版《台湾新闻事业史》《台湾电视发展史》《中国当代电影发展史》，曾是中国台港电影研究会理事、中国高校影视学会理事、福建电影家协会常务理事、厦门市影视家协会副主席、中共中央台湾工作办公室宣传局涉台出版物审读专家组成员。

第一章　百折不挠

悲怆童年

时间回到1938年的厦门，日本侵略军大肆入侵厦门，鹭岛生灵饱受涂炭之苦。陈飞宝就是在日军侵占厦门两年后，春夏之交时出生的。

此前，陈飞宝的父母自原籍福州迁徙至厦门。母亲在家中操持家务，父亲在亲戚家的文化用品店帮工，收入微薄。战争使得本就艰难的家庭越发困难，而这时陈飞宝的诞生又给父母的生活出了一个难题。但是陈飞宝的父母生性乐观，认为孩子降生代表着乱世里的希望，于是给孩子取名成庚，小名宝宝，期盼着孩子日后能有所成，一生安稳。随着战争局势的进一步恶化，母亲带着小飞宝逃回娘家——福州乡下涧田村的祖宅。

陈飞宝的外公蔡长玉，字皆泰，又名传玉。他所工作的福州电气公司修理厂要搬迁到南平。于是，母亲又抱着小飞宝跟随亲戚逃难到南平。之后，母亲就在南平亲戚家的面店里帮工。可是面店的生意十分冷清，陈飞

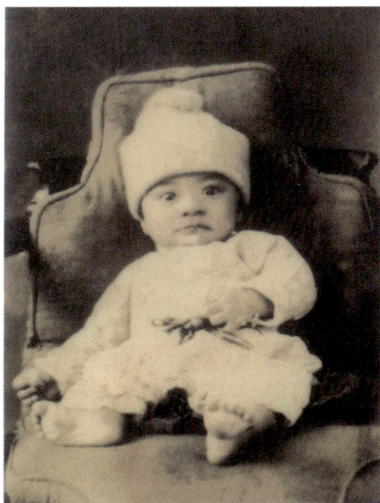

▲ 幼时的陈飞宝

▲ 1941年，父亲陈玉奎、母亲蔡锦梨与1岁的陈飞宝合影

宝的父亲又远在厦门，母子俩只能在异乡相依为命。中秋节之夜，生活无着的母亲走投无路，选择服毒自尽。她平静地躺在被拆下的门板上，黯淡的汽灯映照着苍白的脸，也许是不忍目睹幼子凄惨的情状，她始终紧闭着眼睛。小飞宝被远房舅舅的母亲抱着，他哭喊着向妈妈伸出小手，可母亲却已经听不见爱子的声音了，她的生命永远定格在27岁那一年。月光苍白，洒下无尽寒意，秋风萧瑟，引得万物凋零，唯有闽江的滔滔江水默默无语，一任东流……

此时，陈飞宝的父亲远在厦门，仍不知爱妻的逝去与幼子的孤苦。由于战争使得公路被破坏，福厦两地交通断绝。当听到妻子自杀的消息后，他痛苦万分，想方设法托人寄一笔款来，请求在南平的亲戚家人照顾孩子，为妻子料理后事。

母亲的死使得父亲终日忧郁，精神恍惚。这一年，农历十一月二十七日，也就是冬至那天的下午四五时，在厦门中山路的粉竹斋纸店的四楼，悲痛绝望的父亲服下大量安眠药后悄然离世，时年29岁。其时，陈飞宝才3岁，却痛失双亲，独自一人面对这乱世。陈飞宝的祖父曾开皮箱店，但不幸在抗战时期破产，之后便摆地摊卖饼维持生计，祖母带着年幼的次子来到厦门，投靠胞弟，给人看孩子讨生活。一家人自顾不暇，根本无法照顾小飞宝，于是，外公想方设法将小飞宝接到身边一起生活。

外公育有三女一子，陈飞宝的母亲是长女。不幸的是，1946年，灾难又降临到家里，19岁的舅舅因病去世。陈飞宝的姨姨十分伤心，为了照顾父亲和姐姐遗孤，姨姨皈依佛教，终生未嫁。

▲ 陈飞宝养母蔡锦淑，佛教法师，法号释开成

6岁时，外公让小飞宝在附近的万寿庙念私塾。夜晚，有人在寺庙里习练武术，小飞宝在旁边有模有样地仿效着动作，姨姨就在屋前过河的万寿桥的西边万寿庵里念经拜佛。

7岁的时候，陈飞宝转到附近南公园仙竹小学念一年级。放假时节，姨姨到庙北边锯木厂搬运木材，补贴家用。外公就带着他，走过大石板铺的万寿桥，穿过木房的巷道，越过龙津桥，到新港电力公司里外公的办公室。而此时身为工程师的外公会一边上班一边照顾他。

1948年4月，年迈的外公因接连失去至爱的长女和儿子，哮喘病不断加重，最终不治而逝。蔡家霎时如同栋梁坍塌。姨姨遵从父亲遗嘱，带着小飞宝回到西园乡涧田村的祖屋居住，种植外公生前购置的几亩地维持生计。这时，他也转到涧田小学读书。

青葱岁月

农闲时节，姨姨带小飞宝住进尼姑庵石林寺。石林寺位于村南边的山脚下。寺里有两位削发比丘尼，住大雄宝殿右厢，姨姨带小飞宝住在左厢，还有一位年纪40多岁戴发种菜的出家人，小飞宝都叫她们姨姨。每逢夜晚和天未亮的清晨，姨姨们就会在大雄宝殿念经拜佛。小飞宝每天听晨钟暮鼓，跟着她们吃素。

小飞宝从石林寺到涧田小学上课，要走四五公里的路。农忙时节，姨姨带小飞宝回到祖厝，叫亲戚帮忙插秧、收割稻子。有一天，姨姨回祖屋忙农事，寺里只留下一位年纪大的比丘尼，晚上，盗贼进寺庙抢劫。考虑到寺里刚出事，不安全，且小飞宝上学要走远路，不方便，于是姨姨决定不再住寺里了。

小飞宝很调皮，他喜欢看武侠小人书，学着武侠书里的飞侠在书桌上跳来跳去，与班里同学打闹。班主任是一位女老师，名叫高西铭。看他如此好动，就将他改名为"飞宝"，这名字一直沿用至今。

　　小飞宝跟着姨姨吃素，长期不吃荤菜导致身体营养不良，十分瘦弱。一天，远房舅舅结婚，杀猪办酒席。当时农村纯朴，夜不闭户，不像现在那样家家装门锁。小飞宝溜进那舅舅母亲的卧室，看到瓷缸里煮过酒糟的猪血、喷香的熟瘦肉，便各拿一块大口吃，还用小碗舀了些酒坛里的青红酒，大口大口地喝下肚，在舅舅母亲的床下，酩酊大睡，醒来回到家后，姨姨问飞宝的去处，他不敢说实话。隔壁舅公在墙外菜园里种了一棵荔枝树，树上那一挂挂荔枝又红又大。经受不住诱惑的小飞宝摘了一大袋，吃不完就塞在大院大门边底下的狗洞里，结果被舅公发现后就告到姨姨那里。蔡家家风诚信厚道，偷窃如犯滔天罪行。从未打过飞宝的姨姨，愤怒至极举起竹板，可是没打几下，姨姨就心软收手了。

　　傍晚，小飞宝赌气离家出走。姨姨见他天黑也不回来，惊慌失措地叫上邻居乡亲一起，打着灯笼到处找他。姨姨到学校、池塘找了个遍，但都无功而返。谁知此时的飞宝正远离村大道，躲在一个遮风挡雨的亭子角落，不知道该去何处。他想到姨姨找不到自己，一定很伤心。于是打起精神，慢慢地从田间大道走回去。看他回来后，姨姨并没有责备他，只是默默地把做好的饭放在他面前。

　　可能是夜晚着凉，抑或是蚊子叮咬，飞宝得了疟疾。每天身体冷战发抖或发高烧，瘦得皮包骨头。夜里，他又在梦里呓语，不时地喊着"妈妈"。姨姨看着十分心痛。有好几个晚上，她坐在床头打毛衣到深夜，也许是想到亲人接连去世，只留下她一个人带着年纪幼小的大姐遗孤，未来又没有着落，想着想着，她忍不住低声饮泣。蜷缩在姨姨脚边的飞宝醒来，听到姨姨的哭声，茫然不知所措。后来，在远房舅舅的帮助下，飞宝的疟疾治愈。此后，姨姨再没有打骂过飞宝，她并没有说什么大道理，但是她用行动和亲情教育了陈飞宝。飞宝从此知道偷窃是坏事，并且始终铭记于心。

　　1953年陈飞宝小学毕业，考上福州北郊新店区浮村的福州第七中学。学校离家里较远，飞宝平日就寄宿在学校里。为了给飞宝提供上学费用和

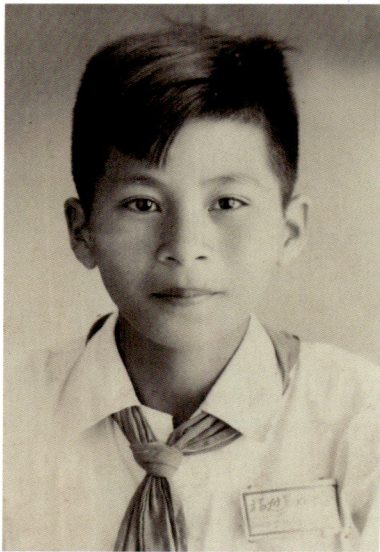
▲ 1954年，陈飞宝就读福州第七中学时留影

就近照顾陈飞宝，小时只念过私塾的姨姨凭借着识字记账的本事，被福州佛教协会安排到福州北郊崇福寺安养院任出纳。

那年暑假，姨姨租下了瑞云寺尼姑庵厨房楼上的小房间，让飞宝假期待在这里。这里的住持和姨姨关系很好，姨姨给了住持一笔钱拜托她照顾飞宝，平时的饭菜住持会帮忙提供。或许是特别的缘分，姨姨还告诉他，当年他的母亲带着他从厦门逃难福州时，日军侵占福州，他们也曾在这个房间躲过几天。虽然姨姨并没有让他叫"妈妈"，但是姨姨一直在用自己的方式给予飞宝"母爱"，关心、爱护他。

在放假期间，飞宝向学校借了一大批书。有鲁迅的小说和杂文集，有高尔基的小说、普希金诗集，等等。他整天把自己关在尼姑庵楼上看书，读到生动的段落就记在纸上，反复背诵。大量的阅读，让陈飞宝有了一定的文学基础。后来，在福州七中的学校壁报上，经常能看到他的稿件。对他而言，写作得到大家的肯定，有一种特殊的成就感。

《一江春水向东流》的启蒙

陈飞宝第一次与电影艺术结缘是在福州七中读高中的时候。在班主任郭根祥老师的组织下，陈飞宝和同学们到城里看上映的电影。这部电影是蔡楚生和郑君里联合编导的《一江春水向东流》，该片讲述20世纪30年代上海顺和纱厂女工素芬与妇女补习学校教员张忠良喜结连理后，张忠良加入救护队参加抗战，到达重庆，在纸醉金迷中迷失自己。这部电影在陈飞宝心里烙下了不可磨灭的印记，这也是陈飞宝第一次被电影的魅力震撼。后来，陈飞宝又走了十几里路到人民电影院重看了一遍，在昏暗的影院里，他一字一句地记下了电影插曲的歌词。

郭老师在课上特意解读了这部影片。他讲道，片名取自五代后唐李煜的代表作《虞美人》："问君能有几多愁，恰似一江春水向东流。"此词表现了亡国之君的无穷哀愁。电影编导以这首词的最后一句为片名，反映了日本侵略中国、国内离乱以及国灵党腐败造成的家庭悲剧。女主角的善良、诚实、朴素、吃苦耐劳的精神，体现出中国妇女的美德，具有代表性和典型意义，她的悲剧也是日本侵略中国的时代悲剧。陈飞宝第一次听到老师讲"典型环境中的典型人物"的艺术形象塑造观念。同时，他也理解到，造成自己父母过世、自己成为孤儿的悲剧，根源是日本帝国主义侵略中国。如果一个国家、一个民族不自立自强，就要被帝国主义侵占、奴役，给人民造成无穷的灾难。

高一年级时，陈飞宝被选为少先队辅导员，负责辅导一个班级。他协助班主任组织集体活动，处理同学间的小摩擦，并利用休息时间看望姨姨和探访所辅导学生的家庭。因为负责认真的态度，最后他被评为优秀少先队辅导员。

▲ 1957年5月，陈飞宝（二排右一）高中一年级时担任少先队辅导员，与同年级少先队辅导员合影（一排左三：作为政治女教师的少先队总辅导员）

第二章　深沉积淀

一定要到前线去

▲ 1959年5月，陈飞宝（二排右一）高中三年级参加党课学习小组时合影

在高二文理分科的分水岭，陈飞宝选择了文科，还当了两年班长。此时，学校党支部为了教育、引导和培养优秀毕业生，挑选了陈飞宝等9位同学组织党课学习小组。党课的学习包括共产党党章、共产党历史和一个共产党员应具备的条件和使命。自从上中学以来，陈飞宝受到了许多文学作品的启发，他看过苏联尼古拉·奥斯特洛夫斯基的《钢铁是怎样炼成的》，看过《红岩》，看过《王孝和的故事》《吴运铎》等传记。这些著名作品像火苗一样点燃了陈飞宝坚定的内心，他觉得人生在世要过得有意义，要将自己的一生献给人民。他认为自己不能停留在因为共产党培养自己，所以感恩的境界，而是要建立起为共产主义事业、为人民服务，建设

强大中国的远大目标。自此，他的思想境界得到提升。于是陈飞宝努力学习，因为他知道自己必须全力以赴考上大学，将来才能为人民的伟大事业做贡献。

20世纪50年代，中共中央已经考虑到统一后台湾地区少数民族的发展和建设。当时的教育部在中央民族学院语文系，设立台湾高山族语言专业。有几位台湾少数民族青年，被蒋介石集团在台湾抓壮丁来到大陆参战。他们接受教育后，就成为革命队伍的一员。之后，他们经过培训，调到中央民族学院语文系，不断地研究台湾少数民族的语言文字，好培养出为台湾少数民族服务的专业人才。

1959年3月，西藏达赖喇嘛集团组织叛乱被平息，西藏百万农奴从此获得新生。陈飞宝看完纪录片《百万农奴站起来》后，内心受到了极大的触动。他想参军！扛枪过海去解放台湾！1959年夏天，陈飞宝从全国招生院校名单中，看到北京的中央民族学院语文系高山语专业，他在这里看到了自己的未来。陈飞宝想要报考这所学校，还有他自身实际情况的原因。他自小失怙，靠姨姨织布打毛衣以及将祖传房子出租生活。姨姨在崇福寺佛教安养院当出纳，薪资较低，勉强让他读完六年初高中。但是大学除却缴纳学杂费外，还有四年伙食费，这是一笔相当大的数目。飞宝不忍再增加姨姨的负担。而中央民族学院的学杂费还有伙食费，全部由国家负担。结合自己身世和家境情况，陈飞宝决定报考中央民族学院高山语专业。

终于，陈飞宝如愿以偿。姨姨看到录取通知书后十分高兴，她烧香拜佛答谢菩萨，告慰飞宝父母、外公在天之灵。北京的冬天异常寒冷，为了不让飞宝在北京冻着，姨姨熬夜赶织了一件新毛衣给他。飞宝动身时，姨姨来到火车站送行。随着列车缓缓离去，含辛茹苦抚养了16年的孩子，终于踏上了属于他自己的人生之路，她百感交集，忍不住泪流满面。

大学四年，陈飞宝对台湾历史兴趣盎然。他经常钻进订购了许多有关台湾地区的文献资料的图书室。有一本杨克煌著的《台湾人民民族解放斗争小史》，陈飞宝特别珍视。他从中了解到台湾自古以来属于中国，台湾人民富有反抗外族侵略、反抗殖民统治和反蒋介石统治集团压迫的光荣革命传统。例如，1930年10月30日，台中南投县雾社同日本殖民者武装斗争，社里的青壮年全部壮烈牺牲。阅读至此，陈飞宝为台湾少数民族武装反抗日本殖民者统治的英勇事迹感动不已。当时，他想试着将它写成电影剧本，便开始自学电影理论、戏剧编剧艺术。那时，每月姨姨都会寄来5元钱。他身患水肿病，舍不得调养身体，却花钱到北京展览馆看电影，还特意到展览馆看北京人民艺术剧院舞台剧《胆剑篇》。

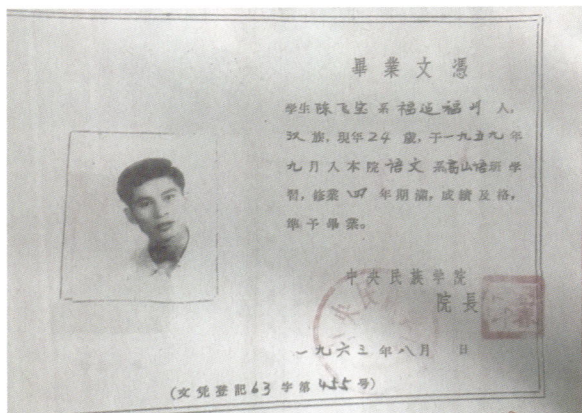

▲ 上左：1959年，大学一年级的陈飞宝
上右：1963年，陈飞宝（一排左一）与同班同学大学毕业时在北京颐和园与他们的教授李长信（一排右四），教研组主任田中山（二排左四）合影留念
下：1963年8月，陈飞宝中央民族学院毕业证

　　1963年6月，陈飞宝面临大学毕业，教研组主任田中山老师希望他留校做科研。毕业前的一天晚上，首都高校毕业生到人民大会堂听周总理的报告，总理要求毕业生们"要到党和人民需要的地方去，到最艰苦的地方去，把毕生精力献给人民"。报告结束后，全体毕业生起立。在周总理的指挥下，豪迈的《国际歌》歌声在金碧辉煌的人民大会堂回响。从这一刻起，陈飞宝就下定决心遵循周总理教导，选择中央军委有关部门的征召。解放台湾是自己的理想，从军一定要到前线去！

　　根据国家教委、中央军委的有关规定，大学毕业生分配工作后，头一年必须在基层接受锻炼。陈飞宝奉命到厦门江头解放军部队机关报到，被分配在大嶝岛守备团一连三班当兵。陈飞宝由于小时候长期营养不良，体质虚弱，手榴弹也只能扔十几米。于是他利用周末休息的时间，独自练拉单杠、俯卧撑和跑步，经过艰苦的训练之后总算达标。平时，连队集合，陈飞宝教战士们唱歌，当来自内陆新兵的游泳教练等，由于在连队表现突出，陈飞宝得到了领导和战士们的一致好评，被评为"五好战士"。

▲ 1963年，陈飞宝被征召参加解放军，在大嶝岛连队当兵锻炼时在海边沙滩留影

▲ 1963年，陈飞宝（三排右一）当兵时与全班、连指导员（二排右二）、连长（二排左二）合影

在实践中打下艺术功底

1964年春，陈飞宝接到调令，到福州军区解放军福建前线广播电台文艺部任职。1958年8月23日，在东海福建厦门前线，我军向金门及周边岛屿国民党守军万炮齐发，按照"攻心为上，攻城为下"的战争法则，福建前线总指挥部报经中央军委批准，组建中国人民解放军福建前线广播电台，设在厦门杏林，并于1958年8月24日开始使用860千赫在厦门正式向金门国民党军官兵广播，播送党和政府以及解放军和炮战指挥部公告、声明与对台政策等。

20世纪60年代初期，根据中央对台宣传的战略方针调整，中国人民解放军福建前线广播电台（以下简称"前线台"）于1964年迁往福州北郊新店秀山村小山上建设新台，逐步建立五个转播发射台。台里的人员数量也跟着增加，仅文艺部正副主任、编辑就多达14人，分别负责戏剧、音乐、曲艺、文学、专题、闽南戏剧等节目的播出。

当时的文艺编辑节目使用录音

▲ 1964年，陈飞宝任职中国人民解放军福建前线广播电台文艺部编辑时留影

▲ 1965年，军队改军衔制，陈飞宝被授予中尉军衔

胶带。前线台搬迁到新址后，需要安装新设备、建立节目资料库和完善编辑演播制度。陈飞宝被指派负责对来自全国各省的文艺节目进行分类，方便编辑选择。他认真整理并标签贴盒，确保有序摆放。这为编辑提供了方便，并保证了技术组的安全播出。

做编辑最忌讳无米之炊：没有节目可怎么编辑播出？文艺部领导特别派遣对中央广播电台、上海广播电台节目制作和存量比较熟悉的叶甦编辑，带领陈飞宝到上海广播电台采录各种优秀文艺节目，再带回前线台供各编辑取用。陈飞宝欣然接受领导的指派，跟叶编辑出差完成这项重要的任务。

1966年，前线台文艺部要重审对台播出的电影录音剪辑节目。福州军区政治部设有电影放映队，对部队进行宣传教育，储存了许多故事片拷贝。一段时间，编辑部领导安排，每天晚上由电台发车，到鼓楼军区政治部看两部新中国成立以来的中国电影。

陈飞宝并不负责编辑和剪辑故事片的对台播出，倒是借这次难得的机会，观看了新中国成立以来一大批优秀中国电影。这次观赏电影的经验，以及他整理文艺部各种节目、观赏许多文艺演出的经历，对他后来到厦门大学台湾研究所从事对台湾电影史、电影导演艺术的研究，打下坚实的基础，产生颇深的影响。

1969年6月，陈飞宝和电台台长、总编辑及文艺部大部分编辑一起无奈地脱下了军装。陈飞宝转业被分配到福州中药厂。

1976年1月8日上午，敬爱的周总理逝世。陈飞宝回想自己大学毕业时，周总理在人民大会堂对他们的教导，不由得想到，当年他的二叔患胃癌和担任辅导员期间的一名学生得白血病，都是被病魔带走了生命。救死扶伤、为人民服务的使命在内心呼唤他，于是他主动要求调到福建省医药研究所工作。他在福建省卫生厅主办的《福建医药卫生》（1979年后更名为《福建医药杂志》）和《赤脚医生》杂志社做编辑，负责两刊政治内容编辑，宣传党的医药卫生政策。

后来，为翻译、介绍日本先进的医药技术以供刊载，陈飞宝想法得到福建省医药研究所的领导支持，于1980年3月到厦门大学日语系高级班进修。

▲ 1978年，《福建医药卫生》编辑、主编王宜万先生(左二) 率编辑陈飞宝（左一）等到湘潭参观韶山毛主席故居时合照留念

第三章　华彩篇章

确立方向

1980年7月9日，厦门大学成立专门对台学术研究机构——厦门大学台湾研究所（以下简称台研所）。正在外文系进修日语的陈飞宝闻讯后，认为这是回归对台研究千载难逢的机遇，于是向台研所所长陈碧笙教授提出申请，要求调到所里工作。

但是，台研所刚成立，办公室只有秘书和科员二人，一切尚未走上正轨，陈所长要求陈飞宝在调动手续办理前，边上日语课，边在台研所协助做些工作，让陈飞宝编印"雾社起义"资料集。于是，陈飞宝找了精通日语的老师和同学，一同翻译日文记载"雾社起义"的文献。是年10月25日，台研所举办成立后大陆首届"纪念雾社起义五十周年学术研讨会"，陈飞宝参与会务和研讨会。

1980年12月，陈飞宝正式调到台研所。他初到所里时负责编辑《台湾研究动态》，担任《二·二八起义资料集》（台湾资料丛刊之三）、《台湾爱国诗集》、《战后的台湾经济》（译集，1982年4月）等资料集的编辑和印刷事务。1983年，陈碧笙所长主编的《台湾研究集刊》出版（内部发行），编辑仅陈飞宝一个，既要负责组稿、审稿、编辑排版及直接跑印刷厂等编务工作，还要处理发行业务。

台研所刚成立时，中央台办就提出"历史地、全面地、实事求是地认识台湾，促进海峡两岸学术交流，为祖国统一大业服务"的宗旨。面对大陆对于台湾电影研究的空白，陈飞宝自1980年开始就一边工作，一边着手搜集、整理有关台湾政治、经济与文化的各种史料。

但是，一个难题摆在陈飞宝面前。面对如此众多的历史资料，该如何选择切入点？陈飞宝想起，他在中央民族学院求学时曾想写"雾社起义"题材的电影剧本，后来又看过许多新中国电影。工作后，他在编辑《雾社起义资料集》时，接触到更多关于"雾社起义"的一手资料。这让他重新

▲ 1998年2月8日，陈飞宝在雾社抗日英雄群像前留影

燃起写一个以"雾社起义"为题材电影剧本的愿望。但是想要写好电影剧本谈何容易，不仅仅要学习电影剧本的理论与技巧，还要通过观摩大量电影积累实践经验。

20世纪80年代初，电影成为一种文化时尚，厦大工会每周六、日都会在建南大礼堂安排师生看电影。不管是什么类型的电影，他都是有片必看，还会特意购买前排座位，只为能更近距离地观察银幕演员的细致感情和表演动作。有的影片他连看两场（先是看故事情节，再看编剧摄影画面技巧、表演技巧），看后还要写日记评论，包括电影导演、编剧、表演技巧。他不断地从中提高电影理论素养和分析评论电影的水平。

他的"雾社起义"剧本初稿完成后，得到珠江电影制片厂一位导演鼓励，但考虑题材自身具有敏感性，发生在台湾的题材能否摄制，这些都不可预测；而且，两岸隔离多年，对彼岸的真实生活了解很模糊，拍摄难度较大。于是，他只好将写好的剧本搁置一旁。

然而，陈飞宝并没有放弃对台湾电影的兴趣，他想，电影作为一种感染力强的大众媒体，本身就是对社会、文化的观照，是政治经济的影像记录，两岸人民可以通过电影这一富于魅力的艺术形式，增进彼此了解，最终实现祖国统一。于是，陈飞宝选择以台湾电影、台湾电影史作为切入点。

但要如何研究台湾电影呢？台湾电影是文化事业，也是产业。如果仅研究几部电影、几位导演，是无法把握台湾电影全貌的。那么就必须研究以导演为核心的电影创作，还要研究电影制作、发行、放映与受众，从而理出台湾电影发展的历史规律，以及与台湾政经关系的历史脉络。

在他看来，史书写作，只要努力是可以做到的。首先，因为他在前线台任编辑期间，采编广播文艺节目，观看过许多舞台演出，熟悉各类文艺节目，具有一定的实践基础；其次，他从大学到工作后的相关研究，使得他对台湾历史比较熟悉。虽然他没有足够的电影理论与历史的背景知识，但是经过这些年的不懈努力，台研所的研究成果已经为他奠定了扎实、全面的学术基础。

定位明确了，方向清晰了，但是重新开始一个几乎是空白的领域，又谈何容易？当时在学术界，以电影、电影史作为研究方向是十分稀少的。至于对台湾电影、台湾电影史的研究撰写，更是"冷僻"。因此，在很长一段时间，陈飞宝就像一只孤雁特立独行。一同在前线台工作的播音员韦嫱得知陈飞宝从事台湾电影史研究后，笑着说："陈飞宝是稀有动物！"

艰难的积累

陈飞宝自1981年1月就迁入厦大，带着一对已经十几岁的子女，蜗居在厦门大学勤业楼集体宿舍一间十几平方米的小房间。1984年，他被擢升为台研所的助理研究员，工资不高，除了日常生活费用，还要交儿女上学的学杂费，每到月底，他就向党支部书记何天华借款，月初发工资立即奉还。但是，生活困窘、家庭重负并没有令他放弃研究，相反，经过疲惫和苦难的打磨，他才得以在日后大放光彩。

摆在他面前的困难还不止于此：一是年龄偏大，40岁的人要学习新知识，难度颇大；二是底蕴不足，又无人指点；三是资料奇缺。研究台湾电影，重写台湾电影史需要众多文献和影像资料，而这些在大陆几乎是空白。

为了克服上述困难，陈飞宝恶补电影理论和史学研究基础，他阅读国内外经典电影学著作，如《电影的本性——物质现实的复原》和《电影是什么？》，以及《中国电影发展史》和《世界电影史》等电影史经典著作。此外，他还订阅了电影学术期刊，如《电影艺术》和《电影文化》，以了解中国电影和世界电影的发展现状。这些努力为他提供了广阔的知识基础。同时，他还参加福建省影协主办的首届电影评论讲习班与中国高等院校电影学会研修班等，了解到苏联、意大利、法国、美国等当代各国电影流派的相关知识，学习到电影评论和电影剧本创作的相关技巧。

陈飞宝从《中国电影发展史》中了解到中国早期至1949年电影发展的历史脉络，深刻认识到中国几代电影人的创作，建立起中国电影的优良传统。更重要的是学习借鉴如何运用史料进行写作、如何建立史学架构，等等。

除了日常的研究与学习，陈飞宝在工作中也进一步积累台湾电影研究、台湾电影史撰写的相关文献资料。1983年，经上报审批，《台湾研究集刊》创刊，这是大陆第一本涉台学术研究期刊。由于《台湾研究集刊》的创刊组稿需要，台研所主办了全国性的台湾政治、经济、历史、文学研讨会，并邀请全国各地学者提交论文。这些论文成为他编辑《台湾研究动态》《台湾研究集刊》的稿源之一。后来，为提高稿件质量，编辑好期刊，他要求自己每天都阅读海峡两岸相关著作和论文。陈飞宝认为，"历史的标准"就是"客观的标准"。历史研究的基本要求就是最大限度地再现历史面貌，揭示历史真实，电影史同样如此。他如期完成《台湾研究集刊》编辑，同时，他又进一步地学习台湾电影及台湾电影史的研究范式和相关知识。1985年，《台湾研究集刊》由他人接管负责编辑，他可以全力以赴地研究台湾电影、撰写台湾电影史。

中华人民共和国文化部

厦大台湾研究所：

据闻你处近出版有《台湾电影史简编》
一书。

我部老付部长司徒慧敏同志一直主管我国
电影工作，现还担任全国影协付主席工作。目前
又还主要负责我部的对台工作。为工作之需，
你处可否赠寄此书两本，以便作参考资料查阅。

此致

敬礼。

司徒慧敏办公室
一九八〇年三月七日

▲ 司徒慧敏办公室向台研所致信盼赠《台湾电影史简编》一书

　　1983年10月，也就是研究所成立的第三年，陈飞宝根据所里采购的几本有限资料，翻阅一些台湾报刊，编写了第一部著作《台湾电影史简编》。这本著作描述了1949—1983年台湾电影发展的历程。但由于史料的不足，这本著作对台湾电影发展难以做到全面准确的把握。

　　那时，文化部得知陈飞宝编写《台湾电影史简编》，就来函索要。陈飞宝寄去后，在1984年3月23日，文化部司徒慧敏部长通过秘书回信讲《台湾电影史简编》材料较旧，"关于台湾七十、八十年代电影业情况有否另外专著？是否可搞近年来台发行的影片一览表，包括导演、摄影、故事梗概、主要演员、何家公司出品等项内容"。1984年5月30日，中国电影出版社通知陈飞宝，同意出版陈飞宝的《台湾电影史简编》。

　　1984年9月，中国电影评论学会通知陈飞宝参加在大连举办的全国电影评论学会首届年会。这也是新中国成立35年以来的首届中国电影评论年会。陈飞宝带着论文《试论台湾写实主义电影发展的脉络和特点》参加会议。这次会议上提交的论文有93篇，被收入论文集的有35篇，但关于台湾电影的论文只有1篇，就是陈飞宝的。中国电影评论学会领导特意安排陈飞宝在会上做台湾电影发展脉络、电影导演艺术、如何正确评价台湾电影的专题发言。台下多是研究电影多年的专家学者、著名导演。陈飞宝介入台湾电影研究也只有两三年，初生牛犊不怕虎。陈飞宝带着希望大陆电影界、学界正视台湾电影的强烈愿望，用一口福州腔的普通话，在大会上侃侃而谈一个半小时。陈飞宝在会上又提出成立台港电影研究组织的建议。此次会议后，中国电影家协会、中国电影评论学会将研究台湾电影纳入中国电影的重要组成部分。

　　其间，陈飞宝接到中国电影家协会、中国电影评论学会领导的通知，国庆节后到北京的中国电影资料馆看一批台湾电影资料片。于是，陈飞宝于9月底前往北京，观看了包括李行的《养鸭人家》《原乡人》《汪洋中的一条船》，丁善玺的《英烈千秋》等经典台湾电影。陈飞宝发现，以李行作品为代表的台湾电影有着浓厚的中国文化气息、儒家伦理道德和亲情观念，这令他感到格外亲切。他也从中体察到台湾电影与整个中国电影的历史文化渊源。

　　1986年6月，中国电影家协会《大众电影》杂志在北京北太平庄远望楼主办"中国台港电影座谈会"。陈飞宝在白天参加研讨会，晚上和与会人员搭车到中国电影资料馆看《玉卿嫂》《源》等台湾电影。通过大银幕观看台湾电影使得他对台湾电影产生更丰富的感受。会后，《大众电影》发表台港电影专辑，刊载陈飞宝撰写的《台湾电影小史》。

撰写《台湾电影史话》

　　有了一定的积累后，陈飞宝决心撰写一部《台湾电影史话》。他认为，由程季华、邢祖文、李少白主编的《中国电影发展史》在中国电影史研究中是开创性的，它奠定了中国电影史学研究的最基本规范，为中国早期电影史的写作建立了一个不同凡响的起点和较难逾越的高度。但可惜的是，由于种种原因，在这一部皇皇巨著中，竟然没有关于台湾电影的任何记录。陈飞宝认定自己必须填补台湾电影这一空白，时不我待，刻不容缓！

他想起曾在前线台观看过"十七年电影"，可是当时那些优秀影片受到"四人帮"及极左思潮的攻击和污名化。在粉碎"四人帮"后，文艺界、电影界才得以拨乱反正，这些经典才被正名。陈飞宝考虑到在撰写台湾电影史的过程中，一定要吸取大陆评论中国电影史、电影创作的正反面经验教训。一定要遵循历史唯物主义，立足电影艺术的本体论，建立论述台湾电影史的客观规律。这是成为准确无误"信史"的前提。

1988年10月，"中国台港电影研究会"在北京成立，陈飞宝被选为理事，他因此更感到自己肩上所担负的使命和责任之重。

陈飞宝所著的《台湾电影史话》，是大陆第一本台湾电影史专著，于1986年完成，1988年12月正式出版。该书印刷了5000册很快就售完，不能满足大陆读者了解台湾电影的需要。

其时，两岸尚未开放交往，他无法亲自赴台搜集更多资料和参观台湾电影产业，所以台湾电影史只写到1985年。之后二十多年间，台湾新电影落潮后，又涌现"新新电影浪潮"，台湾电影产业的发展变化巨大。其间，陈飞宝几度赴台湾参加学术活动，在参观访问过程中搜集了更多的台湾电影资料，愈加感到《台湾电影史话》的史料陈旧、内容不足。

《台湾电影史话》在历史框架、发展脉络、书写体例等方面，基本借鉴程季华主编的《中国电影发展史》的思路模式。但是，陈飞宝秉持着撰写台湾电影史的创新精神和"信史"前提，依据史料史实进行概略性的描述。在电影的历史分期上，不再沿用社会政治形态，而是采用一个时代台湾电影的总体特征来区分电影历史的方法。

《台湾电影史话》反映了台湾电影80多年的历史发展进程。陈飞宝依据新发现的史料纠正了某些被遗漏和误写的史实，对台湾电影史进行了一次修改书写，对台湾电影作品进行恰如其分的分析和评价，并对台湾电影历史做出正确的概括和描述。这部书填补了大陆学者对于台湾电影研究的空白，进一步开拓了对台湾电影、台湾电影史的研究。

此外，陈飞宝还撰写《台湾电影导演艺术》和一系列介绍台湾电影导演的论文，充分肯定了他们的艺术成就，对其艺术经验做了很好的总结，对增进大陆人民对台湾电影导演、电影作品的了解与关注起了很好的作用。

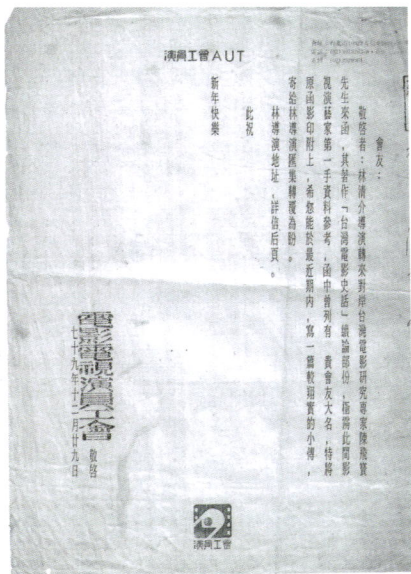

▲ 陈飞宝为撰写《台湾电影史话》向电影电视演员工会申请提供相关影视演艺家第一手资料

▲ 陈飞宝《台湾电影导演艺术》

为台湾电影人立传

▲ 1990年10月，李行导演率台湾导演代表团到北京访问，林清介是成员之一，林清介夫妇（左一、左二）与中国影协陈野研究员（右二）、陈飞宝（右一）合影

　　1990年10月，李行导演率领台湾电影导演代表团到北京，参加中国影协及中国台港电影研究会主办的台湾电影研讨会。陈飞宝赶到北京与影协人士观看了一批台湾导演的代表作，诸如林清介的《学生之爱》、陈坤厚的《小毕故事》、蔡扬民的《兄弟珍重》等。在台港研究会学者、海峡两岸导演研讨会上，陈飞宝倾听台湾导演的电影创作和心路历程，再与他们所拍的影片相互映照，深刻地认识到台湾导演的艺术风格和艺术成就。陈飞宝在会上做《林清介的学生电影艺术》发言。

　　1992年、1995年陈飞宝先后两次赴台参观访问，1993年在上海参加海峡两岸暨香港电影导演研讨会，在这期间，拜会许多台湾导演，持续地记录他们的电影创作道路，观看他们的代表作。进而从对个别台湾导演艺术创作道路的书写到达群体和整体的研究综述，并梳理出一条台湾电影导演谱系发展脉络。

陈飞宝与许多台湾导演交往良多，自然而然产生深厚感情。1996年12月17日，李翰祥在北京拍片现场突发心脏病去世，台港电影界失去一位杰出的电影导演。陈飞宝看过李翰祥拍的《火烧圆明园》，清朝衰败，国弱民穷，昔日辉煌的圆明园在熊熊烈火中灰飞烟灭，是一部令人难以忘怀的中华民族耻辱血泪史。1997年1月，台湾导演辛奇来电话告诉陈飞宝，胡金铨导演在心脏手术中不幸去世。电影大师们的接连去世，如同他自己的亲人逝世，他的心中涌出不可名状的难过情绪，在卧室床头电话旁默默流泪。

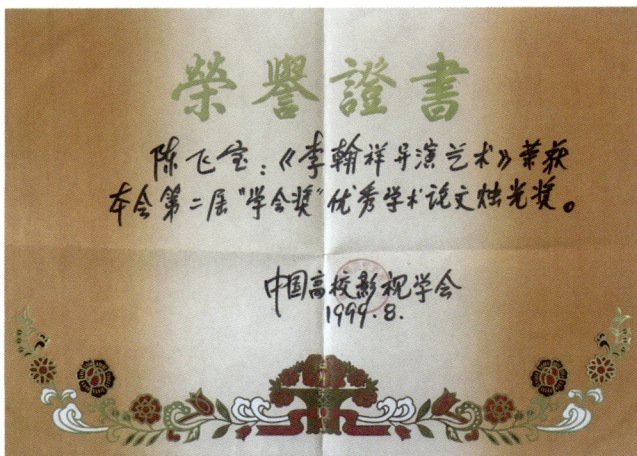

▲ 1999年8月，陈飞宝的《李翰祥的导演艺术》荣获中国高校影视学会第二届"学会奖"优秀学术论文烛光奖

为了表达对这些电影大师的追思，陈飞宝提笔写下了他们对电影的贡献。他重看胡金铨的《侠女》《龙门客栈》光碟和相关的评论期刊，赶写了《一代电影大师李翰祥与胡金铨的情谊、电影生涯、丰碑》《李翰祥的导演艺术》两篇文章。

电影是人民大众集体记忆的一种历史性呈现，台湾电影是由许许多多电影从业人员用生命和智慧建构起来的。数十年来，他们用胶片记录了台湾的方方面面，是台湾人民的精神财富和珍贵的文化遗产。如今不少电影人年逾古稀，有的退居林下，有的已经作古……此时此刻，陈飞宝心底涌起一股强烈的渴望：他要为台湾老中青电影导演著书立传，肯定他们一生的艺术创作和成就，界定他们在台湾电影史上的地位。同时，让大陆影视界更加了解台湾电影导演，供海峡两岸暨香港影视合作交流参考。于是陈飞宝在原有研究基础上再次从看片入手，亲自登门拜访和掌握第一手资料，对导演的艺术生涯和重要影片的艺术特色、艺术创意做归纳总结。陈飞宝在研究过程中，综合了诸多影评家的看法，以客观的视角细述台湾导演在创作过程中的心路历程，总结他们在台湾电影史上的地位和影响。

1998年1月，陈飞宝在李行导演、极忠文教基金会、台湾电影导演协会的支持下赴台40多天。在此期间，陈飞宝专访近20位台湾老中青电影导演，多位台湾剧作家、影评家、明星等。其中，部分受访导演还提供了许多文献资料和录像带。台湾电影资料馆前后两任馆长井迎瑞、黄建业先生，在陈飞宝观看录像片和查阅数据时毫无保留地支持他。

陈飞宝花了近十年的时间观看电影并亲自采访导演，撰写了近40位导演的传记文章。在著作《台湾电影导演艺术》中，他记录了台湾老中青几代导演的故事和他们对台湾电影以及整个中国电影的贡献。文章经过有关导演的审核，又得到了台湾影评家黄仁等诸位前辈的帮助。该书于2000年3月由台北亚太图书出版社出版。因经费和篇幅关系受限，此书刊载的台湾导演只有21位，其他放在《台湾电影史话》修订本论述。

陈飞宝是实务派，他重视电影录像和历史资料的归纳整理，脚踏实地地考察与记录。同时他也是个感性的人，他在做台湾电影学术研究时不习惯用专业术语，而是喜欢用浅显易懂的文字表达他对电影作品的真实看法和对电影导演们的由衷敬重和真诚热爱。

陈飞宝在1990年至21世纪初这段时间，花费许多时间精力评论台湾的经典著作，担任大陆的中国电影大辞典、电影鉴赏辞典等多部辞典的编委并参与撰稿，为大陆电影导演、制片、全国院校师生研究打开了一扇了解台湾电影的窗口。

在互联网时代以前，广大学子和读者只能在辞典中寻找到有关台湾电影的相关内容。陈飞宝依靠多年的研究积累与得天独厚的研究条件，填补了许多中国电影辞典选目上"台湾电影"信息的空白。

　　陈飞宝前后参与几部重要著作的撰写和编辑，在张骏祥、程季华总主编的《中国电影大辞典》中，他作为撰稿人，负责台湾电影部分；在李恒基、王汉川、岳晓湄、田川流主编的《中外影视名作辞典》中，他作为编委撰写台湾电影部分；在何少川总主编的《闽台文化大辞典》中，他负责台湾电影部分撰稿；在石宏图、贾克勤、路闻捷主编的《中国戏剧家大辞典》中，他撰写台湾戏剧家、表演艺术家等内容；在郑雪来主编的《世界电影鉴赏辞典》中，他负责台湾电影部分的撰写；在长征出版社《中国电影名片鉴赏辞典》中，他作为编委，并负责台湾电影部分的撰写；在华东师范大学出版社出版的《电影百年名作精选丛书——中国电影卷》中，他负责撰写台湾部分。

　　陈飞宝关于台湾电影的许多论述，建立在他不仅亲自看过影片，并且对各影片的历史文化背景有较深入研究基础上。除却1960年以前无法看到的台湾故事片，他所评论的影片基本都亲自看过。他除了评论台湾电影导演和影片，还会论述台湾电影的艺术创意、台湾导演的透视美学、台湾电影的意识形态，等等。

重修《台湾电影史话》

　　2000年1月，陈飞宝的《台湾电影电视剧研究》获全国艺术科学"九五"规划1999年度课题立项，他决定将重修《台湾电影史话》纳入课题，并试图把电影作为艺术和审美、电影作为工业和技术、电影作为市场以及舆论生态、观众接受问题，甚至包括电影类型如何在每个历史发展阶段呈现出不同的面貌等都囊括其中。这个修订出版的要求，得到中国电影出版社的支持。

　　在大陆重修这部台湾电影史著，十分艰难。为了获得更多一手资料，陈飞宝除了在市面上尽可能购买台湾电影录像带、台湾故事片光碟，还在厦门家里屋顶装"小耳朵"，设法看台湾卫星电视放映的一些台湾新旧影片，但具艺术品位的台湾影片大多在深夜冷僻的时段播放。陈飞宝只得半夜披衣而起，盯着小荧屏专注细看。即便近几年不易看到新片，他也尽可能地参考台湾影视界的影评文章，从内涵到艺术风格方面做一些持平的评述，表达对于导演及艺术创作的尊重。

此外，他还利用1992年7月访台学术活动、1995年参加台北金马奖颁奖典礼，以及1998年1月应台湾电影导演协会李行导演邀请访台，在台湾专访许多导演并广为收集电影资料。21世纪初，研究台湾电影的条件和环境有了很大改变，台湾电影出版物、影片光碟更容易购到。电影史料的获取渠道更多，除了传统电影史研究非常注重的电影拷贝以及与影片创作活动相关的历史资料外，报纸、期刊、电影年鉴、回忆录、口述史等也都成为台湾电影史学研究重要的史料来源。

2000年12月25日至2001年1月3日，陈飞宝随中国台港电影研究会组团赴台参加"海峡两岸暨香港电影研讨会"。作为代表团成员之一，他利用这难得的机会，为完成研究课题收集更多的台湾影像和文字新资料。2004年11月1日至12月1日，陈飞宝借助"台湾经济专业媒体与台湾经济发展关系"的研究，进行了为期一个月的参观访问。

陈飞宝前后五次赴台参加学术活动，不辞舟车劳顿，耗费许多精力和金钱，广泛地专访收集台湾各年度的电影年鉴，在书店购买台湾导演的研究专著，专访"中央"电影事业股份有限公司（"中影"）、台湾电影公司（"台制"），以及黄玉珊导演"黑白工作室"等民营电影公司。他对所搜集来的文献资料进行整理分析、核查、比较、考证、评估，将真实可靠的史料作为电影史研究和书写的依据。

在研究台湾电影及修订台湾电影史过程中，陈飞宝给自己立下几个原则：一是在研究台湾电影时，首先将电影视为一种艺术；二是在研究中，注重电影史的整体性；三是纵向与横向相结合的立体式的书写方法。他通过对台湾电影史的诸多层面进行更系统、深入、细致的梳理和补充，同时在叙述上找到更完整和平衡的方法，形成更具有包容性的整体的台湾电影史学体系。

2008年9月，历经5年反复修订的《台湾电影史话》仍由中国电影出版社出版。

《台湾电影史话（修订本）》在2008年8月1日，被中国台港电影研究会、华夏电影发行公司联合授予"华夏杯"港台电影优秀著作奖。2017年

3月至2020年3月，陈飞宝被中央台办宣传局聘为"涉台出版物审读专家组成员"。

在陈飞宝看来，"要干一番事业，不仅要有信心，还需要百折不挠的精神，要经得起波折和失败，只要有恒心，方法得当，所付出的劳动定会结出果实，洒下的汗水越多、越讲究规律性，所获得的成果就越丰硕。做事要有计划性，不要忙忙碌碌或无所事事，要有预期的目的，尽可能达到可及的预期效果。珍惜时间，如同珍惜你的生命"。

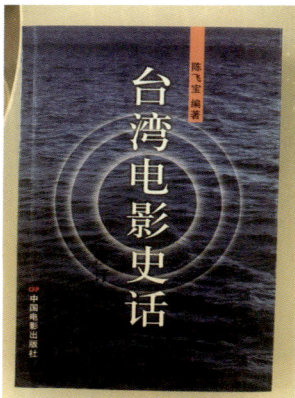

▲ 《台湾电影史话（修订本）》

▲ 2001年1月2日，陈飞宝（后排左四）参加海峡两岸暨香港电影研讨会，中国台港电影研究会会长张思涛（前排右四）、台湾影评协会秘书长王清华（后排左二）和与会来宾、学者合影

填补台湾电视、台湾电视史研究的空白

电视是受众广泛的电子媒介，台湾电视发展有30多年的历史。进入20世纪80年代以来，大陆电视台播放台湾电视剧不在少数，至于全面系统论述台湾电视剧、台湾电视发展历史的著作却十分缺乏。

在陈飞宝《台湾电影史话》出版后，台研所首任所长陈碧笙退休，退休前申请到国家社科"台湾新闻事业史"课题研究，他交代陈飞宝参与新闻传播系陈扬明教授主持的该课题研究，台湾电视是其中重要内容之一。台湾当局制造的两岸政治和军事对峙，导致两岸对彼此电视资讯了解的闭塞，大陆影视业对台湾电视业的了解更是异常缺乏。陈飞宝想，要实现海峡两岸电影电视双向交流，需要大陆广大影视人士事先了解台湾电视、相关媒体机构、技术变革的历史。于是，陈飞宝决定研究台湾电视史，并出版《台湾电视发展史》，为大陆影视界与台湾同人合作交流提供参考。

厦门市政府第四办公室张敦财，自20世纪70年代末就开始致力于对台湾广播编辑、台湾电视的研究，陈飞宝与他合作，尽可能搜集到台湾电视书刊，台湾电视年鉴、专著。但是这些多是1985年以前的资料，尚缺一本统一的、系统且观点客观内容全面的台湾电视发展史著。另外，电视作为台湾当局的重要传播媒体之一，其政治性和意识形态偏向是不言而喻的，这为他们的台湾电视史编写工作又增加了一定的难度。此外，陈飞宝还要花更多的时间收看台湾电视节目。他利用中国电影出版社出版他的《台湾电影史话》给的5000元稿费，购买了一台新电视机。由于两岸电视机的制式不同，无法收看到金门传播的台湾电视信号，他托人把电视机改装成台湾电视机制式，坚持天天收看金门转播的台湾电视节目，了解台湾社会风情。

1992年7月1日至15日，陈飞宝应台湾电影导演协会、台湾影评人协会、台湾电影资料馆邀请赴台，参观了台湾三家无线电视台，拜访了数位影视双栖的导演，从他们那里获得许多第一手资料。陈飞宝又在台北、高雄实地考察当地居民收看卫星电视情况。此外，"台湾演员公会"还专门发文件，让部分资深演员各自提供演艺资料。台湾电影界各方的真诚支持令人动容，更加激励也写好这本书。回来之后，陈飞宝又对初稿重新修订。经过八载寒暑，几经周折，终告完成。陈飞宝与调入台研所的张敦财合著《台湾电视发展史》。1994年7月，该书由海风出版社出版，为大陆研究台湾电视发展史填补了空白，获福建省人民政府"福建省第三届社会科学优秀成果奖"三等奖（1998年9月）。

陈飞宝在《台湾电视发展史》中论述台湾电视剧发展历史，电视剧内涵、艺术手法上与中国传统文化、传统艺术的渊源，及其自身发展特点，台湾电视现代化、多元化与台湾政治、经济的关系，海峡两岸电视交流和影响。这本书为大陆提供了台湾电视30多年发展历史的重要史料，并为台湾电视历史这一富有价值的研究课题提供了正确的分析框架，对大陆研究台湾电视文化开拓了领域，提供了海峡两岸影视界合作参考的内容基础。

为了向大陆电视界人士、读者宣介海峡两岸电视发展的前景，有助于今后更多人才投入海峡两岸影视合作和交流，陈飞宝在众多期刊上发表了一系列介绍台湾电视产业的论文。

此外，当时的福建电视台还找陈飞宝参加策划海峡两岸探亲题材专题片，陈飞宝撰写了一集台湾退伍老兵回大陆探亲题材的剧本。福建电视台将片名命名为《血缘》，在福建省台、中央电视台二度播放，此片获1988年全国电视专题片一等奖。

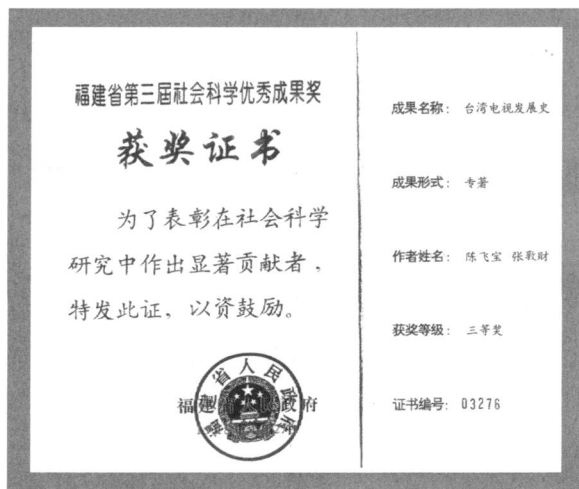

▲ 陈飞宝、张敦财《台湾电视发展史》获得福建省第三届社会科学优秀成果奖

开拓台湾新闻事业、媒体产业的研究

20世纪80年代末以来，陈飞宝也在他的著作、论文中，开拓大陆对于台湾新闻事业、媒体产业的研究，填补空白。

2000年前，大陆还没有全面系统研究台湾新闻事业史的专著。陈飞宝在1989年之后，就陆续在学术期刊发表研究台湾新闻媒体的论文。此后，他与厦门大学陈扬明教授合著《台湾新闻事业史》。

1993年11月，厦门大学社会科研处发文件，正式通知陈飞宝参加《台湾新闻事业史》研究，负责收集全书文献资料，并负责撰写"台湾电视发展史"及"报禁"解除后的台湾新闻事业概况。1998年8月，厦门大学社会科研处再通知陈飞宝，为厦门大学新闻传播系1997—1999届硕士研究生上《台湾新闻研究》必修课，这是大陆传播院校首次为新闻学硕士研究生开的台湾新闻媒体研究课程。

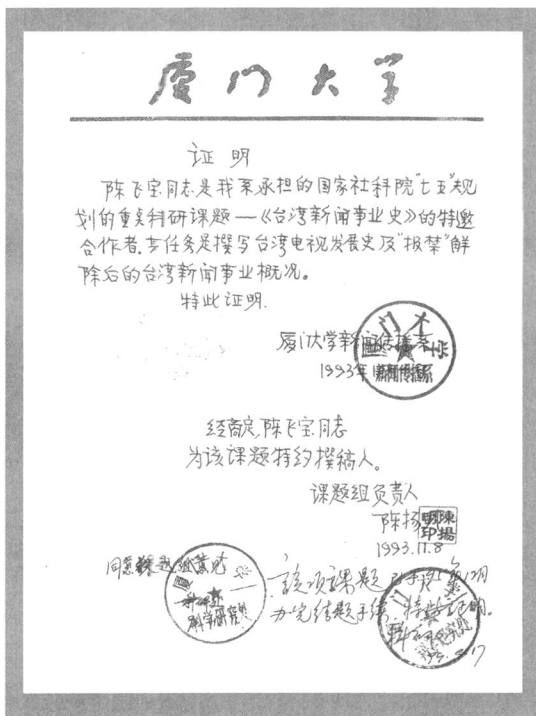

▲ 陈飞宝担任厦门大学新闻传播系国家社科院"七五"规划的重点科研课题——《台湾新闻事业史》特约撰稿人证明

在撰写过程中，他深切地感知到，自1997年香港回归祖国、1999年澳门回归祖国后，尽快解决台湾问题，实现祖国完全统一，是必然的趋势。增进"一国两制"新闻事业的研究合作，增进海峡两岸新闻交流合作，是研究者义不容辞的责任和使命。早日实现祖国完全统一的强烈愿望，鞭策他无论如何要完成这部著作。

　　陈飞宝采用了如下研究方法：一是借助台湾翔实的媒体文献；二是经常观看台湾电视节目，查阅台湾报纸、期刊；三是利用大陆学者身份应邀到台湾进行学术交流、访问。陈飞宝分别于1992年7月、1995年12月和1998年1月，参观多家台湾报社、电视台、广播电台等，实地了解台湾媒体经营、政治经济背景、资本、行销等，收集第一手文献资料。在对台湾电影电视史研究的同时，陈飞宝将台湾新闻、传媒产业的研究纳入同一视野，不仅给大陆相关的媒体从业人员提供台湾影视、台湾新闻的研究成果，还揭示台湾媒体背后的资本结构、经济基础、财经背景和政治背景之间的复杂关系，给大陆一个完整、系统的台湾媒体概念。

　　《台湾新闻事业史》于2002年9月由中国财政经济出版社出版。中国人民大学新闻传播学院张隆栋教授给出的"鉴定结论"是：填补了祖国大陆对台湾新闻事业史全面系统研究的空白；史料丰富翔实，引证严谨，脉络清晰，有不少第一手资料和一些新资料；用马列主义做指导，有史有论，史论结合，以史为主，其中正反两方面经验的总结和评述，有重要的理论借鉴意义和实践意义。

　　2001年6月12日至14日，国台办新闻局在中央台办干部业务培训中心，举办对台新闻干部业务培训班，学员是中央新闻单位负责对台宣传报道及首批赴台驻点采访记者，通知陈飞宝赴京，为学员介绍台湾媒体及各媒体政治经济背景。

　　2004年初，九州出版社要陈飞宝提供《当代台湾传媒》书稿，《台湾新闻事业史》只写到1995年之前台湾各新闻媒体。近十年台湾媒体又发生重大变化，台湾媒体与政治文化生态改头换面，政治媒介化，媒体政治化。因此，陈飞宝认为必须对《台湾新闻事业史》重新修订，首先要调整结构、补充丰富台湾各媒体的内容。其次是改进研究方法，要重新到台湾参观调研各媒体，收集第一手文献资料。

　　2004年11月，陈飞宝飞赴台湾，做为期一个月的"台湾经济专业媒体与台湾经济发展关系"的研究。2007年1月，《当代台湾传媒》（43万字）由九州出版社出版。

《当代台湾传媒》出版后，陈飞宝又开始《当代台湾媒体产业》的研究和出版。陈飞宝运用现代传媒经济学的观点，汇总历史文献资料。2011年4月，再次到台湾进行为期一个月的研究，实地参观各媒体现场、深度参访记录，力求撰写的媒体全面系统，尤其参访不同政治立场背景的报社、电视台。陈飞宝前后用7年时间对所有的文献资料进行了研究总结。

《当代台湾媒体产业》（74万字）于2014年4月仍在九州出版社出版。全书共13章，对台湾多家重要传媒集团的发展历史、资本构成、运营模式等进行了深入的分析，并对台湾的杂志、图书、广播、电视、网站等媒体资本结构、各个方面的发展脉络和现状进行了系统的研究。

陈飞宝对台湾影视、台湾新闻业、台湾传媒产业如此全面系统的研究，对台湾各媒体详细论述，尤其是使用的台湾媒体产业数据到2012年为止，这在大陆尚属初创，在台湾也未见如此全面对台湾媒体产业的论著。

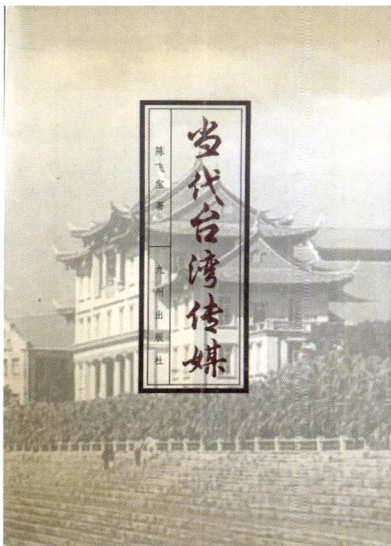

▲ 陈飞宝《当代台湾传媒》　　▲ 陈飞宝《当代台湾媒体产业》

做海峡两岸影视界的"信使"

　　由于两岸文化交流不易，在大陆，人们很少看到台湾电影，对台湾电影导演的艺术创作感到陌生，台湾对祖国大陆的电影也是如此。所以海峡两岸电影界需要展开更多合作和交流。研究台湾电影和从事海峡两岸电影的合作交流，要依靠海峡两岸更多人才能实现，陈飞宝深谙此理。于是，他愈加坚定地做两岸交流的"信使"，为两岸影视交流牵线搭桥。

　　首先，陈飞宝撰写一系列文章、著作，介绍两岸电影电视现状。陈飞宝以多家影视学术期刊、电影报刊、电影辞典等为平台，发表一系列论述台湾导演、台湾电影、台湾演员、台湾电影和电视产业等论文。早年，陈飞宝的《论台湾新电影》在中国电影家协会主办的《电影艺术》(1987年第2期)发表，这是大陆学者首次对台湾新电影美学特征、台湾电影的历史意义以及局限性展开论述。1992年4月至5月，陈飞宝在台湾大型电影杂志《影响》上以"龙祥"为笔名，撰写长篇文章介绍大陆电影制片历史和现状。又在台湾发行量大的《大成报》影视版连载《大陆电视剧的历史与前景》《中国电影史话》等，介绍大陆电影电视剧的发展情况，让台湾影视编导、年青一代了解中国电影电视发展及制作的历史。陈飞宝在海峡两岸影响力大、发行量多的报刊发表大量文章评述、介绍大陆电影制片厂、电视剧产业的历史、流派和特色，为海峡两岸电影、电视导演合作与交流提供了众多的文献资料。

▲ 1989年5月，厦门文联、厦门电影电视家协会主办大陆首届台湾电影电视艺术研讨会，海峡两岸学者合影留念（陈飞宝：一排左四）

▲ 1989年5月，陈飞宝在首届台湾电影电视艺术研讨会上做《海峡两岸电影关系之分析》发言

其次，陈飞宝参与一系列学术会议，促进两岸学术交流。在陈飞宝看来，台湾"解严"后海峡两岸正处于一个历史转折点，必须以史为鉴，通过学术会议等文化交流活动，对海峡两岸电影关系史进行回顾，比较两岸电影文化交流成果与影响，推进今后海峡两岸电影关系的良性发展。

1989年5月27日至30日，由厦门文联、厦门电影电视家协会主办的大陆首届"台湾电影电视艺术研讨会"在厦门科技馆举行。陈飞宝作为中国台港电影研究会理事、厦门影视家协会理事，参与筹备，负责邀请两岸电影学者、评论家，诸如北京电影学院黄式宪教授、上海电影评论学会副会长边善基（上海《电影新作》总编辑），台湾黄仁、黄建业、蔡国荣、梁良，都是两岸公认的电影学者、电影评论家、电影史学家，具有高度学术性、权威性。与会人员就海峡两岸暨香港新电影、台湾写实电影、武侠电影、公营电影、台湾社会变迁对电影的影响以及海峡两岸电影历史的关系进行深入探讨。陈飞宝在会上宣读《海峡两岸电影关系之分析》论文。这是大陆首次有海峡两岸暨香港影评人参加的台湾电影研讨会，在海峡两岸电影学术交流史上有特殊的意义。

1990年，应中国电影家协会邀请，台湾电影导演协会理事长李行导演为团长，著名台湾导演宋存寿、陈坤厚、林清介、蔡揭名、万仁为团员的台湾电影导演访问团，于10月12日至26日在北京、西安、上海等地进行了为期15天的访问和学术交流活动，这是40年来台湾电影界正式应邀组团前来大陆进行的第一次海峡两岸电影界之间的交流活动。陈飞宝提前赶到北京，参加海峡两岸电影学界与台湾导演面对面交流的盛会。台湾代表团各导演带来各自电影录像带30多部，中国影协安排参加研讨会的大陆学者每天看4部。10月15日至16日，中国台港电影研究会举行"台湾电影观摩座谈会"。陈飞宝针对林清介导演的风格，写成《林清介学生电影导演艺术》的论文，进行专题探讨。接着由海峡两岸暨香港电影导演协会轮流在海峡两岸暨香港举办研讨会。

1992年7月1日，经中共中央台办批准，陈飞宝与北京电影学院黄式宪教授、中国电影研究中心的蔡洪声研究员应邀赴台参加"中国电影历史与

90年代中国电影展望"学术研讨会。陈飞宝在会上发表论文《对台湾电影几点省思》。他对台湾电影的生态即台湾政治体制、电影结构如何影响台湾电影进行探讨，直述台湾政治体制影响到台湾电影产制的本质。陈飞宝作为学者看重的是事物叙述的客观性，敢于直言台湾导演迫于形势而回避的话语。晚上，他们在希尔顿酒店专访台湾电影导演李行、李嘉等。又接触考察"新闻局电影处长"、"中央电影公司"（"中影"）及其电影制片厂等，参加金马奖高雄电影周，追寻多部具有特别历史意义故事片的摄制地。这次访台学术交流是大陆电影学者首次到台湾进行电影学术交流，对促进海峡两岸电影学术交流合作具有积极意义。这次访问如台湾电影导演协会理事长李行导演所说，"隔绝了40多年的两岸电影学术交流今天由于你们的到来，完全实现了，让我们为中国电影的发展多做些努力"。

▲ 1992年7月1日，陈飞宝等人作为大陆研究台湾电影学者首次赴台进行学术交流活动，隔日，在台北希尔顿酒店北京厅欢迎仪式上，大陆学者向台湾电影导演协会理事长李行赠送"精卫填海，女娲补天"书法画轴（自右至左：黄式宪、李行、蔡洪声、陈飞宝）

陈飞宝数十年梦寐以求想来美丽宝岛，服务台湾人民，而今真正踏上台湾土地，心里有种亲近感。此后，他对台湾电影、台湾媒体的研究更加坚定，笔耕不辍。

1993年7月，厦门大学中文系主办"1993年中国高校电影学会年会"，陈飞宝邀请台湾辅仁大学大众传播研究所的李天铎教授来厦门，向来自全国许多大专院校的老师做世界及台湾地区电影发展趋势专题报告。中国高校电影学会年会第一次在与台湾一海之隔的厦门举办，也是第一次邀请台湾电影学者与会做专题报告，在海峡两岸高校电影学术、教学交流上有其特殊的意义。在中国电影学会举办首届"学会奖"的评选和颁奖活动中，陈飞宝的《台湾电影史话》获学会优秀著作二等奖。

陈飞宝认为，研究者不能仅仅停留在学术研究上，还应提出建立可发展的机制、前瞻性的研究，经实践能达到的目标。1995年12月7日，陈飞宝应邀参加台北金马奖记者会。陈飞宝肯定"大和解电影时代"会来临，他说"中国电影得到如奥斯卡等影展的肯定，是必然的趋势，但前提是海峡两岸暨香港导演要合作"。他讲到大陆电影体制正在改革，合作的必要性越发明显，像大陆"中影"的专卖权逐渐消失，这为海峡两岸暨香港合作创造了有利的环境和条件。后来，海峡两岸暨香港合拍片《霸王别姬》和《卧虎藏龙》的国内外获奖就印证了陈飞宝的预言。

1988年12月，陈飞宝出版《台湾电影史话》，其中他将"台湾闽南语电影"作为发展和影响台湾电影历史的重要组成部分，在专著第四章大篇幅地论述"台湾闽南语电影"的历史及其影响。此书出版后，台湾媒体争相报道，台北电影资料馆也典藏此著作，引起台湾电影研究学者的关注。1989年5月下旬，厦门文联、厦门影视家协会举办"大陆首届台湾电影电视研讨会"。之后一个月，台湾电影资料馆举行"如何保存台湾电影文化的资产"座谈会，有评价道：（台湾这次座谈会）是长久以来第一次聚焦多位资深人和专家学者讨论闽南语电影的盛会，座谈内容对闽南语影片的兴衰起落与其主客观环境有相当中肯的展现，具有划时代的意义。

2008年9月，陈飞宝出版《台湾电影史话（修订本）》，再次将"台湾闽南语电影史"作为重要组成部分，并对其内容进行展开与扩充。在福建影协领导收到书后，了解到其中有"台湾闽南语电影"的论述，于是与中国电影协会商定于2009年3月20日在福建晋江、泉州、厦门举办首届"海峡两岸闽南语电影研讨会"。陈飞宝在会上发表《台湾移民社会与台湾台语（闽南语）电影》论文，他在论文中列举"台湾闽南语电影"来自

▲ 1995年12月7日，应台湾电影导演协会理事长林福地、金马奖执委会的邀请，陈飞宝参加福建电影代表团，赴台参加"台北金马奖"颁奖典礼，时任金马奖主席白景瑞（右一）主持记者会，陈飞宝（左一）、香港金像奖主席吴思远（左二）回答记者提问

闽南厦语片，闽南语电影在国家认同和民族认同上，强调台湾和大陆同属于一个民族、一个国家、一个文化体系。

2011年1月18日，由厦门文联、福建电影家协会主办，厦门电影家协会等单位承办的"第二届海峡两岸闽南语电影研讨会"在厦门开幕。陈飞宝参与筹备，负责邀请大陆、台湾来宾，并在研讨会上发表论文《传承与开拓——初探闽南语电影美学特色》。首、二届，陈飞宝熟悉两岸研究台湾电影现状，都参与筹备，并负责邀请海峡两岸院校、电影研究机构学者及台湾电影资料馆馆长参与盛会。当时，大陆几乎没有专职研究台湾电影的研究人员，他从实际出发，邀请看过台湾电影，有台湾电影文字资料的北京电影学院、中国艺术研究院、中国电影研究中心等单位，派人参加研讨会，借此培养研究台湾电影人才，建立起研究台湾电影的人才产出机制。

2012年4月27日至5月6日，台南艺术大学音像艺术学院主办"2012世界闽南文化节闽南文化影展暨论坛"，陈飞宝发表论文《新型闽南电影文化及其产业的构想》。他提出"新闽南语电影"观念以及建立"新闽南语电影"产业链的构想。此次会议上，福建影协等单位与台南艺术大学音像艺术学院与会者签订"安平电影议定书"。自此以后，中国影协、福建

▲ 2012年4月28日，世界闽南文化节"闽南文化影展暨论坛"的福建学者、研究生与台南艺术大学影像艺术学院院长井迎瑞院长、台湾资深导演郭南宏合影（右起：厦大人文学硕士研究生王岩芳，厦大新闻传播学院岳淼教授，陈飞宝，井迎瑞院长，郭南宏导演，厦大新闻传播学院黄裕峰助理教授，厦大人文学院副院长、博导李晓红教授，华侨大学文学院新闻系主任郭艳梅副教授，福建广电集团策划中心副主任、博士陈志国，厦门大学人文学院博士生李洋）

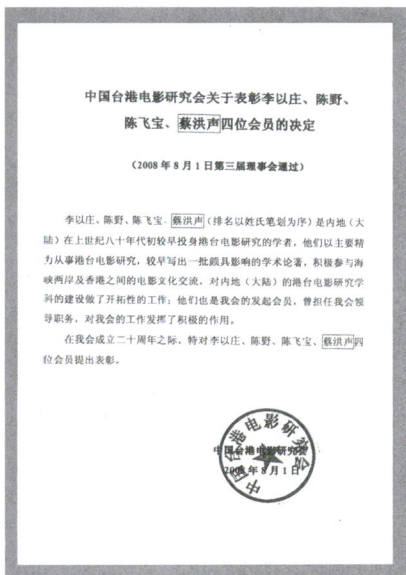

▲《中国台港电影研究会关于表彰李以庄、陈野、陈飞宝、蔡洪声四位会员的决定》

影协、厦门文联继续举办海峡两岸闽南语电影研讨会，直接探讨海峡两岸制作、合作拍片、发行、放映问题。2012年7月，中国影协、福建文联、晋江文联等主办在福建晋江举行的第三届"海峡两岸闽南语电影文化研讨会"。闽台三次"海峡两岸闽南语电影研讨会"厘清了台湾闽南语电影的历史脉络，即先有厦语片传到台湾，后兴起"台湾闽南语电影"风潮，二者是源流关系。2014年10月23日至26日，厦门文联、福建影协主办第四届"海峡两岸闽南语电影文化研讨会"。2018年9月，中国影协、中国文联、福建文联、厦门文联主办的第六届"海峡两岸闽南语电影文化研讨会"在厦门举行。几次研讨会从学术研究层面，落实到人才培养、制作、合作拍片，探讨如何扩大市场，如何建构闽南语电影文化及闽南文化深层次的发展。

2008年8月1日，中国台港电影研究会表彰陈飞宝在台港电影研究中取得的突出贡献，特发给陈飞宝荣誉证书。证书的内容为："李以庄、陈野、陈飞宝、蔡洪声（排名以姓氏笔划为序）是内地（大陆）在上世纪八十年代初较早投身港台电影研究的学者，他们以主要精力从事港台电影研究，较早写出一批颇具影响的学术论著，积极参与海峡两岸及香港之间的电影文化交流，对内地（大陆）的港台电影研究学科的建设做了开拓性的工作；他们也是我会的发起会员，曾担任我会领导职务，对我会的工作发挥了积极的作用。在我会成立二十周年之际，特对李以庄、陈野、陈飞宝、蔡洪声四位会员提出表彰。"

第四章　初心如一

更新研究方法

　　陈飞宝认为，历史研究的目的或者基本要求，要最大限度地再现历史面貌，揭示历史真实。电影史研究的是电影的昨天，必须实事求是尊重事实，还原历史的本来面貌。"历史的标准"就是"客观的标准"。强调史料的重要性，也体现了一种唯物主义精神。

　　一是寻找文献，把更多的时间用于查阅台湾报刊、台湾历史文献、年鉴，寻找有关台湾电影的记录。陈飞宝认为，历史是人记录下来的过去，要明确电影作为科学对象的观念。台湾"史料"和观看台湾电影是研究台湾电影必须具备的最基本、最起码的条件。但是陈飞宝在编写过程中遇到的最大问题是纸媒文字电影资料十分匮乏（两岸还没"三通"时，经过香港向台湾报刊社、图书出版公司订购），更谈不上有什么台湾影片光碟。当时更不可能实地到台湾访问，这给研究编写带来不少困难。

　　陈飞宝利用历史文献研究方法，从台研所（院）现有的资料出发，积极搜集和整理各类文献资料。涵盖的资料类型包括官方年鉴、电影电视媒体年鉴，期刊，媒体人传记和回忆录，以及学者撰写的关于台湾媒体的专著。此外，他还利用报纸和杂志作为研究舆论的重要史料，这些文献资料涵盖了台湾电影史、台湾新闻史以及相关领域的著述，为他全面了解台湾电影的发展历程提供了基础。

　　二是利用各种机会观看文献资料影片。在电影史研究中，能够看到的影片数量在很大程度上决定了研究的深度、广度和宽度。台湾电影和电影史的研究对象，就是电影导演和作品史。陈飞宝为弥补观影的不足，利用一切机会多看台湾电影录像带。

　　每逢周末，陈飞宝会到厦门当地的几家录像店里，观看店里走私进来的台湾影片录像带。他还利用厦门可以看到金门转播台湾电视节目的便利条件，收看、收录金门转播的台湾电视台播出的台湾新闻和台湾故事片。到北京参加研讨会期间，在□国电影资料馆观赏以学术交流的名义放映所储藏的台港电影片。

三是实地走访、专访台湾电影、电视剧导演及观看作品。例如，陈飞宝自20世纪90年代参加"台湾新闻事业史研究"，合作出版大陆第一本论述台湾新闻史著作《台湾新闻事业史》，再到2014年4月出版《当代台湾媒体产业》，历经25年。这期间，陈飞宝多次走进台湾，实地参观访问各媒体、媒体集团，对各主管领导、总编副总编、一批媒体人、研究学者等进行深度访谈、笔录，了解台湾各媒体，考察台湾社会文化与媒体情状，获得许多第一手文献资料。

陈飞宝数十年对台湾电影、电视、新闻媒体的观察研究，改变了他的史学研究领域，增加了他的史学研究方法和技巧。在研究写作过程中，陈飞宝认为考察历史对象需要有长时间的区段，进行历史研究也要有一个长时段观察、研究的积累。每个阶段，他对台湾媒体都有新的发现和新的认识。譬如研究台湾平面媒体，20世纪五六十年代报刊是传统纸本平面媒体，到80、90年代媒体集团化，跨媒体经营、互联网，21世纪台湾媒体全面进入数字化时代。长时间的探索与研究使得陈飞宝掌握了台湾影视、新闻媒体时代变迁的脉络。他对台湾做亲身观察与深度研究，并借鉴吸收台湾学者在地的研究成果，将二者有机地结合。同时他一直秉持着客观公正的态度，对台湾媒体的具体领域设身处地地理解，设法去克服空间障碍，以自身的力量串联起两岸影视、新闻媒体交流的桥梁。

守护初心

陈飞宝撰写台湾电影史、电视史、新闻媒体史等相关著作，为台湾电影导演创作历程、作品赏析、新闻媒体历史和现状做下了记录。做史学研究，最要紧的是耐心，一个一个地核实数据、资料，力求准确无误。日日夜夜，孜孜不倦，靠的是恒心、坚持不懈的求知和探索。

陈飞宝自1959年上大学起就立志要为两岸统一做事，至今64年。陈飞宝的人生命运与台湾紧密相连，家国情怀已融入他的身心血脉。他行走奔波，做海峡两岸交流合作的"信使"，为两岸电影、电视、新闻媒体的交流合作奉献己身，其精神志气生生不息。

2009年7月，陈飞宝省吃俭用，依靠有限的退休金购置了不少台湾影视、新闻传媒书刊、专著、年鉴等。为了鼓励有志研究台湾影视的学生，他将自己省吃俭用购买的这一系列多达270册资料，悉数赠送给厦门大学新闻传播学院。后来这些书籍被转送到厦门大学图书馆，继续造福后来的研究者。

▲ 2009年7月，陈飞宝向厦门大学新闻传播学院捐赠书籍获荣誉证书

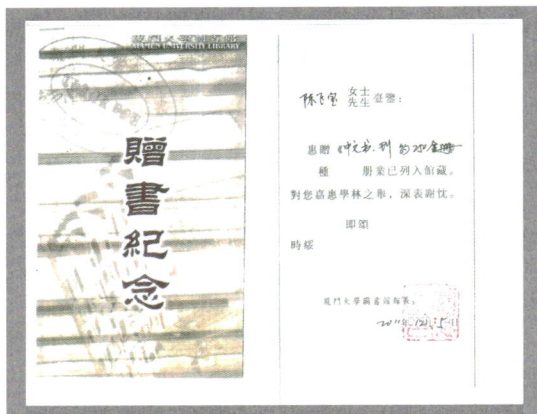

▲ 2011年12月，陈飞宝赠送厦门大学图书馆中文书刊约250册

陈飞宝还将许多台湾电影、电视剧的光碟，以及任中国电影百年评委时评委会赠送的一箱包括李安、侯孝贤、王童、万仁等一批台湾杰出导演代表作的光碟，悉数无偿赠送给厦门大学人文学院电影博物馆典藏，供研修台湾电影的硕士生、博士生使用及教师教学参考使用，期待年青一代能有更多的时间尽快出成果。厦大多位研究台湾电影、台湾媒体的硕士生、博士生从中受益。

陈飞宝还协助研究台湾媒体的博士生到台湾，联系相关研究领域的台湾学者给予指导。"吃水不忘挖井人"，陈飞宝希望将自己严谨治史、热爱电影的精神传给一代又一代的青年。

2019年10月23日，陈飞宝为研究新课题签约，赶赴北京。24日，他在北京西山国家森林公园无名英雄纪念广场上细读吴石、陈宝仓、朱枫、聂曦为国家统一、人民解放执行任务、英勇牺牲的故事。在矗立的人民英雄雕像面前，陈飞宝鞠躬致敬，发誓要继承烈士未竟的中国统一事业！在无名英雄纪念广场的正面雕刻有毛泽东题诗"惊涛拍孤岛，碧波映天晓。虎穴藏忠魂，曙光迎来早"。他想，这些诗句是寄予我们从事对台工作者的期盼。回顾自己的过去，时代与个人、学术研究与人生道路的机缘巧合，年少时的志向与年老时还发挥余热，他的心中常怀感恩，他的步履从未停歇。

一路走来，这既是陈飞宝不断追求和自我超越的结果，也是冥冥之中必然的人生归宿。倾注一生，奉献一生。他将台湾电影、电视、媒体与自己的生命连接在一起，与他的人生旅程和情感经历联系在一起。

在陈飞宝看来，他就像厦门海港的一滴海水，厦大白城海滩的一粒沙。上天给了他一个微小的形体，栖息在一个固定的生存空间，但是那自然勃发、旺盛不息的生命力，使他甘愿奉献自己真善美的精神意志。

他按照既定方向，急匆匆赶程，即使生命有限，哪怕黄昏落日，但他用行动实践诺言，此生已无憾。他落笔纸间，一笔一画，用一生去书写台湾影视、台湾媒体史书，同时也是自己的人生篇章。他笑着说：即便有一天油枯灯灭，也愿把最后一丝光留给世间。

第二辑　论文

侯孝贤电影：历史观照和客观叙述风格

兼论侯孝贤在中国电影中的地位和影响

▲ 陈飞宝（右）与侯孝贤导演（中）、李晓红教授（左）合影

一、侯孝贤作者电影与台湾新电影

20世纪80年代台湾新电影导演大抵是富有创作理想的，主观的个人记忆、客观的静观美学，意图对台湾的历史、社会、文化做严谨的深层次的探讨，人们通过他们创作的电影，了解台湾的社会变迁、创作者的人文关怀或人道主义胸襟，使影片处处流露诗的特质。侯孝贤的作品提升了台湾电影的成就、电影的文化意义与价值。新电影的音像范型是"解严"前后对敏感政治事件、历史创伤及人民记忆的追溯和重建，也就是悲情历史的重建。用艺术电影书写台湾历史，俯瞰台湾政治风云变幻，满怀对台湾历史和现实社会较为透彻的反思和深沉的忧患意识。作为台湾电影现代性的"新电影"导演，他努力从日常生活细节或是既有的文学传统中寻找素材，为这一代台湾同胞的生活、历史及心境塑像。以真实（取材及美学）的坚持，使"成长"经验汇流为台湾电影史未曾有过的真实性，也由于这种集体性，"使电影成为台湾四十年来的变化记录"。[①]

---

①焦雄屏：《时代显影》，台湾远流出版公司1998年版，第162页。

侯孝贤是台湾作者电影的导演，是世界电影大师。他近20部电影，反映导演主体性、个人特质，具有丰富性、复杂性、原创性，不拘于一格，每一部电影都有它的延伸性。侯孝贤导演的电影题材既有历史也有当代，跨越时空较为宽广。侯孝贤导演作品的纪实、乡野、历史记忆，嵌入意大利的新写实主义电影美学。

侯孝贤与杨德昌同为作者电影导演，但创作和作品有明显的差别，侯孝贤电影的基调是乡土的、传统的，尽显写实之美。侯孝贤的电影客观和历史反思意味浓厚，既有历史的观照，又蕴含人世风情，透出对社会和人文的关怀，所以他的电影可以无语言隔阂都看得懂，带有世界性的价值和普遍意义，得到世界影坛的肯定。而杨德昌的电影以当代台湾都市中产阶级族群和都市问题为主，具有现代性，架构缜密，故事情节复杂，人物关系网络绵密，电影制作严谨，对事物和人物冷眼旁观，对历史和现实批判毫不留情。

二、台湾历史的记忆

（一）《童年往事》——当代台湾移民的历史记忆（1947年—20世纪60年代）

《童年往事》记录了作者1947年至1966年身为客家移民的处境及其成长记忆。侯孝贤父亲原是广州中山大学毕业，任广东梅县教育局局长。1947年应朋友台中市市长的邀请，在台中市政府任主任秘书，当时侯孝贤才4个月大，一家祖孙三代随父亲移居台湾。1949年蒋介石当局实行戒严，他们一家与来自大陆的移民一样，在长达近40年间，无法返回大陆，在台湾落地生根。

《童年往事》表达上一代的乡愁和大陆情怀，有种过客心态，企盼有一天重返广东家乡。祖母三两天就带着孙子阿孝寻找回梅县老家的路，父亲病病、母亲喉癌先后去世，最后祖母无声无息蜷卧在榻榻米上，孙子远远地望着祖母的遗体。这一家族变化，与台湾"光复"后的社会变迁自成一体，前后呼应，两岸对峙，国民党当局的幻想破灭。老一代客死他乡，少年一代在经历家族重大变故中体会生命和情感，在不知不觉中成长，融入台湾社会，安身立命。母亲过世前吩咐阿孝去讨债，阿孝看那家人很穷，不开口，离开。他们认同台湾作为自己的故乡，懂得爱、关怀和包容。阿孝兄弟都得面对和适应台湾政治、社会生活现实，联考不上，去当兵，在台湾生根。他个人的经验嵌入社会历史脉络中，是台湾这一代人集体的、共同的历史记忆。正如影评人、导演、监制陈国富所说的："这些死亡，这些记忆，由于有一层时代变动的背景，已然超越无关紧要的个人乡愁"，表现了台湾新电影的新写实主义美学传统。

（二）《悲情城市》——台湾"光复"后政权交接的历史悲情（1945年8月—1949年12月）

《悲情城市》是第一部突破台湾历史政治的"二·二八事件"的禁忌，以"二·二八事件"为背景，反映台湾1945年8月到1949年12月间社会动荡年代和台湾历史悲情的影片。影片揭示了"二·二八事件"前后的权力交替，在台湾各个层面引起的震动，揭示了台湾人民在那个非常时期的生存状态。反映权力重构、社会关系转变、文化交错，人与人的关系、家族与社会生活，各种势力的重组或重整。

侯导说不希望人们称这是部政治电影，但它是部以"二·二八事件"为题材，用独特讲述历史方式，以林阿禄一个大家族由盛至衰的变迁作为整个台湾在1945年至1949年期间发生变化的缩影。长子文雄在基隆开"小上海酒家"，老二被日本殖民政府征兵赴南洋不知下落，三子在上海替日本充任翻译列入汉奸，老四文清耳聋开照相馆维生。文清好友宽荣在镇上小学任教，"二·二八事件"中受通缉，逃到山区建立武装基地。文清被捕，在牢里，目睹受政治迫害的受难者在监牢里被枪杀。文清出来后，给难友妻女送遗物，从领带中抽出的字条上写着："你们要有尊严地活着，父亲虽死于牢狱，但请相信，父亲无罪。"文清对宽美写道："我的人已经属于祖国美丽的将来。"文雄为护妻舅被上海帮枪杀，文清迎娶宽美。因宽荣被叛徒出卖，文清要宽美躲避，字幕是爱妻的回应："不，从离家那日起，我已决定，我们生死一命。"文清被捕失踪。家中几位女人坚强地以自己的方式生存和抚育后代。

（三）《戏梦人生》——日本殖民统治时期的台湾艺人生命史（1909年—1945年10月）

布袋戏发源于福建闽南，传到台湾有300多年的历史，早已成为台湾乡野庙会中不可或缺的文化艺术。李天禄是台湾布袋戏大师。1909年出生，他的一生就是一部台湾近代史的缩影。父亲许金水是民初泉州南管布袋戏大师陈婆的弟子，李天禄8岁开始跟父亲学艺，11岁就成为父亲得力的副手，22岁自立门户组成"亦宛然"。李天禄将传统的布袋戏，融合了文学、言语、历史、音乐之美，演出雅、稳、俏、佻俱佳，令人在观赏后深受感动，久久难以忘怀。1989年获台湾当局的"重要民族艺术师"称号，1991年在美国获"终身艺术成就奖"，1995年法国授予他"文化骑士勋章"。他同时也是《恋恋风尘》《悲情城市》等多部电影中的出色演员。

《戏梦人生》讲述台湾布袋戏大师李天禄在日本殖民统治时期（1909—1945年）的家庭几度起伏与他多种戏剧表演的关系，因日本"皇民化运动"，禁止演出布袋戏，改排歌仔戏，不得已参演日语宣传剧。日本投降后，岳父、李天禄、李妻纷染疟疾，李天禄幼子夭折，以及人们拆飞机卖钱请戏答谢天地神明庆台湾"光复"。影片中，台湾民众在观看京剧，被日本殖民政府剪辫子，象征日本殖民政府试图剪断台湾人民与中国文化脐带的关联。1937年七七事变后，台湾外台戏被禁，李天禄只能投身排练歌仔戏；日本在台湾推行"皇民化运动"和搞"愚民政策"，李天禄参演美英击灭推进队布袋戏政治宣传剧，日本投降后，回归演传统布袋戏。似乎冥冥中一切都有定数，轮回往复。这也是李天禄个人命运、台湾命运及历史规律的逻辑。

三、客观叙事风格

（一）从个人家庭切入，家族成为叙事主体，成为台湾历史和台湾社会的缩影

以家族历史为主轴、家庭成员日常生活为叙事主体，频繁出现家庭日常生活、日常交谈的琐碎主题，反映台湾的历史和社会变迁。《童年往事》《悲情城市》《戏梦人生》都是以家庭和家庭成员日常活动空间作为

叙事的主要轴线，日常生活人物行为提供诠释框架，表达暗示多层次的意义。譬如侯孝贤导演的自传体《童年往事》，采用散文式的片段组合、日常生活叙述、细节相串联，气脉相连，化大的历史背景为日常生活细节。阿孝在街前广场玩耍，一队骑兵疾奔而过，深夜坦克过街的隆隆声，在凤山军人之游社弹子房，收音机播放陈诚死讯等，表达了台湾历史时空，青少年的成长、一个家庭的衰落，与台湾政治社会大叙事结合在一起，密切相连。祖母的返乡之旅重复性的平凡行动，象征第一代外省人的离散焦虑，与第三代阿孝参加小帮派群殴，阿孝在家讲客家话，在外面讲普通话、闽南话，象征老一辈与第三代本土认同之间存在着明显的断裂。

（二）主观视点、客观视点、多重视点的交接

主观融入和客观疏离相结合，形成间离效果，让观众冷静、客观思考台湾移民的历史、台湾发生过的重大历史事件和社会变迁、台湾同胞的过去，以及台湾经验。《童年往事》追溯历史和个人身份，寻找与大陆之间的血缘关系，对乡土难以割舍的记忆，以及大陆移民在台湾落地生根的过程。

《悲情城市》编剧朱天文是外省籍作家朱西宁的长女，属于台湾"光复"后外省人的第二代；吴念真是台湾本省籍的作家、编剧，他们背景出身、经历完全不同，但有个共同的特点，他们都在台湾这块土地上成长、成名，都热爱台湾土地和台湾人民，他们用比较冷静的目光透视台湾发生的世态变化和炎凉。侯导能揉合他们的不同背景和理念、创作个性，剧作能从不同角度，比较客观地观照"二·二八事件"前后台湾的政治、社会、文化动态和变化，客观视野、全景观，审视那时发生的人和事，将其高度浓缩成为一个家族由盛而衰的前因后果，以及生命的延续。

《戏梦人生》是纪录片与剧情片、传记与自传，以及呈现与再现的融合。片中有三种视角彼此杂糅互动，以李天禄画内和画外的旁叙回忆，再由其他演员饰演李天禄不同阶段的生活经历片段（包括布袋戏、歌仔戏、京剧、日语宣传剧等），穿插李天禄亲自解说自己的生活片段，形成主角现身说法，导演的视点和戏中主角视点交替。"叙事—口述历史—戏曲表演（模仿）"过程[①]，戏剧与旁白，呈现日本殖民统治不同阶段社会环境对布袋艺师命运的影响。

[①]张泠：《穿过记忆的声音之膜——侯孝贤电影〈戏梦人生〉中的旁白与音景》，《电影欣赏学刊》2010年秋季号，第41页。

（三）长镜头的电影美学

长镜头美学、多层次空间设置，富有中国传统诗性。侯孝贤电影擅长以固定机位远景长镜头段落美学、片段式叙事结构与剪辑风格、对日常生活细节的关注、灵性风景，捕捉小人物在城乡所经历的日常生活事件及其复杂而细腻的心理状态。

台湾影评人林文淇颇能贴切地论述侯孝贤导演镜头美学的魅力："总能够将镜头放在最能捕捉生活饱满意义的位置，让电影片段充满丰富的韵味。细心体会的观众因而能够在同一镜头里看到包括人、家庭、社会与生命层次的意义。"[①]

（四）语言和民俗戏曲演出既是身份认同，又是地域的文化渊源

《悲情城市》中上海话、日本话、广东话、客家话、闽南语等尽出，表现语言的写实，表明话语者不同身份，固然反映台湾人民的多元话语和认同，多种话语的出现暗示台湾文化的包容性和多族群。但在具体剧情中，不同话语身份也存在权力、文化的冲突。

各种风格的音乐、音响元素亦与不同政治、文化群落密不可分，都因与人物阶层、身份、权力等关系密切而有了同等重要的叙事意义。戏剧演出和戏曲音乐是侯导电影中表明族群身份、世事风情、家庭兴衰的重要元素。如布袋戏、八音、闽南语歌、子弟戏（乱弹）属于台湾乡土文化。布袋戏和八音等民间音乐、戏曲形式与台湾社会日常生活融入的闽南民俗仪式密不可分，如《悲情城市》中林家开业、文雄葬礼、文清婚礼时无处不在；文清在狱中，目击狱友被提审"出庭"，实则被枪杀，着重以狱警颇有威胁力的、回响在走廊里的脚步声、开关铁门的巨响，显示白色恐怖的严酷、阴森萧条气氛；文清将被害狱友遗物交给狱友的家属，出现蔡秋凤如泣如诉的唱段，闽南语歌似乎在诉说台湾民众悲剧命运。

《戏梦人生》插进不同戏剧演出。例如，李天禄出生，父亲再婚，母亲、祖父、祖母去世前后，都伴有与闽南婚丧嫁娶民俗仪式密切相关的传统布袋戏演出（祖母去世时李天禄正为日本天长节演戏），说明布袋戏是李天禄家族的职业，布袋戏艺术与台湾社会生活密不可分，代代传承。

---

①林文淇：《我和电影一国》，书林出版有限公司 2010 年版，第 83 页。

四、侯孝贤电影在中国电影中的地位和影响

（一）确立艺术创作导向和路线，是华语电影文化瑰宝

侯导的电影属于艺术电影，如朱天文《悲情城市》十三问中所说的不是好莱坞的电影，属于"特殊区隔市场"的电影，他的电影具有浓郁的地方文化特色，尤其闽南文化特色，有其自身分众的市场和长期的效益。我想这与他艺术创作个性有密切关系，不随潮流和跟风。同时，电影生活化、大众化，他那有种原生态的影像，有一种特殊的魅力，有的影片越看越有韵味。上述三部电影是经典性的类似纪录片的电影，影片中再现了当时的社会风情和人物风貌。像为李天禄写传的《戏梦人生》，是做了一项非常重要的抢救"国宝"的戏剧文化工作，如果侯导不在1993年赶拍这部影片，今天再拍就来不及了，因为李天禄大师走了。侯导不仅为海峡两岸电影界创立了艺术电影的风格，同时，也为华语电影创作提供了宝贵的文化资财。

（二）侯孝贤电影为台湾新电影建立起写实主义电影美学

台湾"光复"后，来自大陆的张英、李行，以及台湾本省籍的何基明、辛奇等第一代电影导演，以及20世纪60年代来自香港的李翰祥、胡金铨导演，他们受大陆四五十年代中国传统电影以及舞台剧的影响，电影叙事的影戏结构，强调国家、民族认同，"文以载道"的主体意识，但在反映台湾本土人民历史、社会上，遵循"健康写实主义"，受制于电影检查政策，多缺乏社会层面的真实、质朴感。而以侯孝贤为首的新电影导演在写实主义基础上，以当代的边缘族群和社会低下阶层为主，采用怀旧、当代叙事模式，开创了台湾电影的新叙事美学风貌，影响90年代及21世纪新世代电影导演艺术创作走向。

（三）坚持独立制片，建立台湾艺术电影最大的生存空间模式

1．独立制作，获得创新自由度和空间的模式

1978年侯孝贤与陈坤厚搭档，成立万年青公司，摸索出一条"都市写实喜剧路线"，拍了多部清新小品。1983年，与"中影"合作，他执导《儿子的大玩偶》第一段《儿子的大玩偶》，"中影"，万年青公司与香

港"新艺城"台湾分公司是台湾新电影的"三套马车","中影"是台湾新电影的摇篮,侯孝贤的独立电影公司与台湾"中影"公司有着某种微妙的关系,任"中影"编审的吴念真、小野是青年作家,他们和侯孝贤一样都是乡土作家陈映真、黄春明的忠实信徒、追随者、诠释者。侯孝贤的《风柜来的人》带有某种艺术突破的试验,后来他独立成立侯孝贤工作室,而后改为3H公司,侯孝贤所拍的电影属于艺术的创新。1989年8月,侯孝贤电影股份有限公司得年代公司邱复生投资摄制《悲情城市》,突破艺术风格禁区,思想内涵表现手法独特,包括精巧、内在有机的叙事,叙事简洁、集中,影像处理质朴。20世纪80年代以来,香港的电影新浪潮诸多导演,"大量引入西方现代影视观念与技术于本土现代题材上,为香港电影注入当代感性、都会气息,带领香港电影进入全面现代化局面",然而,"不出几年就给主流商业电影所吸纳"。①大陆第五代导演如张艺谋、陈凯歌等仿照美国好莱坞摄制多部汉语古装大片。而90年代以侯孝贤为代表的台湾新电影代表性的叙事风格,在全球化语境中力求重建台湾文化创意产业结构。到21世纪,侯孝贤开始追寻新的创意,《千禧曼波》(2001)力图超越以往的悲情,快节奏表现侯导对都市青年文化的关注;《最好的时光》(2005)"恋爱梦""自由梦""青春梦"三段式的故事,在风格上重新甄别不同历史时期悲情的社会文化的含义和艺术风格的再现。多数作品的笔墨重现台湾的历史,现实的台湾人生活状态、人文风情,具有独创性、艺术性,保护和传承了台湾电影多样性,在中华电影文化中具有特殊的文化建设意义。

2. 侯孝贤靠创作高品质的作品,建立独特的电影品牌

侯孝贤导演有相对固定的创作班子,有一流的摄影师陈坤厚、李屏宾、陈怀恩,录音师杜笃之,剪辑师廖庆松,有长期合作的编剧朱天文,因为长期默契,维持了影片的高水平、创新性和高素质。他的严谨的创作和制作,保证了影片的品质。

台湾地区独立制作的影片放映市场,受制于美国电影公司和海外资本控股的影城操控挤压,1998年,台湾电影的市场占有率跌破0.39%(港片

①罗卡:《"新浪潮"——过去未完成式》,载于石琪《香港电影新浪潮》,复旦大学出版社2006年版,第2页。

1.87%，外语片97.8%），到了2001年台湾市场份额只剩下0.13%①，台湾电影丧失放映通路，台湾地区电影资源和台湾电影市场很难让艺术创作有生存的空间。

侯孝贤在此种电影生态中，以创新作品参加诸多海内外影展，积累电影声誉，赢得奖项、口碑，单1982年至1987年，侯孝贤的8部电影就出席了113个国家和地区的影展，《悲情城市》获威尼斯金狮奖后，在世界影坛树立了侯孝贤独特的电影品牌。他重视海外的版权，委托影评人、制片焦雄屏或海外公关公司，负责海外的宣传和推销，力求投资和收益的平衡。在台湾，除了李安、杨德昌导演外，侯孝贤比较容易获得海外资金和岛内的融资投资，像日本、法国等国家在电影产业方面，也比较重视非商业性的重现本国文化的艺术创作，看中侯孝贤能精确诠释各国文化，故出资让侯孝贤执导《咖啡时光》（2003）和《红气球》（2007），侯孝贤在影像上颇能贴切呈现日本和法国的文化和社会面貌，然而，他始终没有游离台湾地区那种人文底蕴，能做到影片的跨地性和多样性，为台湾新世代的青年电影导演树立了标杆。

（四）为华语电影在世界电影中占一席地位，让华语电影走向世界做出杰出的贡献

《童年往事》获1986年柏林影展国际影评人奖，《悲情城市》获1989年第46届威尼斯最佳影片金狮奖，《戏梦人生》获1993年戛纳影展评审团特别奖。都是在世界A级影展得大奖，在台湾具有里程碑的意义，为中华民族扬眉吐气，给台湾，也给大陆广大的电影导演很大的鼓励，多位导演接连在世界A级影展得大奖，让中国电影走向世界。

（五）引导、造就、培养多位优秀导演，培养了一批表演艺术人才

陈国富曾是华谊电影公司的总监，他曾经是侯孝贤导演的《悲情城市》的策划。《悲情城市》的制作投资、格局是以往侯导从未有过的。陈国富从中获得历练，后来拍出较具规模的大片《双瞳》，而后在华谊电影公司总监《非诚勿扰》《一九四二》等大片。徐小明任侯孝贤导演的《童年往事》的副导演，徐小明的长镜头处理主要场面，师承侯导的长镜头美

---

① 罗树南：《挽救国片之几点建议》，载二台湾《电影年鉴2002年》，台湾电影资料馆2002年版，第97页。

学，独立执导《少年，安啦！》。张作骥是当今台湾杰出电影导演之一，他曾经当过侯导的《悲情城市》的副导演，百分之百受侯导的影响，关心底层小人物、边缘人物的命运，纪实风格，写实主义精神，成为张作骥导演电影的主要美学特色。他拍的《黑夜之光》被影评人称誉为《风柜来的人》之后台湾最好的青少年电影，为后现代电影创作开发出一条新路。

侯孝贤电影培养了整整一代的年轻演员，使老演员表演艺术达到新的境界。在《风柜来的人》中几位年轻演员庹宗华、张世，后来都成为海峡两岸的著名演员，侯孝贤执导《尼罗河女儿》培养了杨林，《南国再见，南国》造就了高捷，他们都成为台湾杰出演员，高捷如今是台湾主力演员。原为歌星的伊能静主演《好男好女》，如今成为活跃于海峡两岸的影视演员、歌星、主持人、评审。舒淇出演了侯导的《千禧曼波》后，第一次开始领悟到电影表演艺术是怎么回事，角色可以演到什么程度。至于资深的演员，则因演他的电影演技得到提高、升华，像唐如韫因《童年往事》表演出色，荣获第22届金马奖最佳女配角奖；陈松勇因《悲情城市》的老大角色表演出色，获第26届金马奖最佳男主角奖；梁朝伟在《悲情城市》中的角色应是梁朝伟一生中最重要的一次表演。像陈博正、梅芳经过侯导的指导也走出自己独特的表演风格。

侯导担任台湾电影导演协会理事长及成立"台湾电影文化协会"，带领台湾电影导演促进海峡两岸电影交流与合作；为促进台湾影像艺术文化创作，整合影像资源，培养影像创作人才，提供给年青一代创作机会，都做出了杰出的贡献。

原载饶曙光主编《电影要从非电影处来——侯孝贤电影研究》

中国电影出版社2013年版，第81—94页

胡金铨的武侠电影美学及其对中国电影的影响和贡献

▲　胡金铨导演（左一）拍《山中传奇》时指导演员表演

一、胡金铨的武侠电影美学

胡金铨的武侠电影具有强烈的艺术个性和风格，在艺术追求上保持一贯性和高水平，不断深化和创新，在台港老一辈电影导演中，属于最典型的电影作家之一。

（一）开创新武侠电影

1. 胡金铨是中国新武侠电影宗师

胡金铨跟20世纪三四十年代知识分子及文艺青年一样，经过抗日战争及内战后，心态多少存有普罗色彩，憎恨当权者的专横腐败，同情百姓悲苦的命运。胡金铨执导的第一部电影《大地儿女》（1965）涉及揭露日本帝国主义罪行。当时邵氏公司删减日军暴行场面以及将中日对抗的镜头剪掉半小时，弄得故事情节破碎不全，影响卖座率，而老板反过来又记在他的头上。原计划利用同样的陈设道具摄制的第二部影片《丁一山》也只拍了一半，邵逸夫看了试片，便下令烧毁。这件事对初创者伤害至深。原本准备以写实普罗方式拍片的胡金铨，只好舍弃现实题材，一头钻进武侠世界。

　　胡金铨在1966年导演的《大醉侠》，讲述了清朝命官张步青被盗匪绑架，醉侠范大悲救出人质，击毙谋害师父的师兄。快动作、快节奏的摄影剪辑，紧密编织，借着武打冲刺，展现动作的优美、民间传奇谐趣的效果，表现出"一种融合中国武术、日本宫本武藏电影、中国京剧美学与精准电影的摄影与剪辑的崭新影像"，为武侠电影风格开辟了新纪元。

　　《龙门客栈》（1967）的故事背景是明朝"夺门之变"，东厂、锦衣卫大太监曹少钦斩了兵部尚书于谦后，又派大档头、二档头带着锦衣卫追杀于谦后代，欲斩草除根。于谦旧部在龙门客栈，与曹少钦锦衣卫进行了一场恶斗，救出于谦后代，并杀死曹少钦。影片揭露明代宦官迫害忠良的故事，表现正面人物"士为知己者死"以及同仇敌忾的感情。这两部武侠电影开创了武侠电影的写实风格，树立起正义的侠士、侠女与邪恶的太监等角色典型。①之后，胡金铨的武侠片多以中国动乱最剧烈的明朝为背景。

　　《龙门客栈》鲜明的主题意识是成功的关键所在，这与联邦影业制片路线有关，台湾电影史学家、影评家黄仁先生说："最重要的是，联邦出品重于主题意识，教化人心，忠奸分明，邪不胜正。邪恶势力不管如何强大，手段如何毒辣，终归要失败。德不孤，必有邻，鼓励堂堂正正地做人。较《大醉侠》有深刻的内涵。"②片中的恶人往往具有超人的顽强，令人震惊，也是高潮剧力之所自出，奠定了后来武侠片的模式。但是善恶对比之余，报应不爽，恶灵终趋灭亡，伸张了"电影的正义"。

　　2. 胡金铨的武侠电影糅合了民族、历史、侠道、儒道、神道、禅理，甚至于鬼道，创出一种独特的、富于中华民族特色的文化色彩

　　胡金铨执导过14部故事片（其中有两部短片），影片题材主要有五个方面：一是反抗日本侵略；二是对明朝锦衣卫、东厂特务统治的批判；三是对佛教思想的阐释；四是揭露日本商社卖假药，批判台湾社会世态的都会喜剧；五是古装片。其中10部武侠电影（包括短片）多取自明代故事，如东厂及锦衣卫、皇室迫害忠良。因为胡金铨是明史专家，他对明代的历史事件及人物已至考据成癖的地步，考据的方法及运用独到、深邃。他的作品多为痛恨帝王将相铲除异己，疾恶权阉太监小人扰乱朝政，仇

①林文淇、吴方正：《观展看影——华文地区视觉文化研究》，书林出版有限公司2009年版，第180页。
②黄仁、王唯编著：《台湾电影百年史话》（上），中国影评人协会2004年版，第258页。

视特务涂炭忠烈之后的腐败政治。他在许多访问中评述："明代是所有朝代中最腐败者。"因明朝与当时台湾政治现实相仿，在台湾"戒严"体制下，在政治敏感、电影检查严格的时代，他的电影盖有所指，养成借古喻今的迂回叙事。

《侠女》应是胡金铨电影的一个里程碑，手法更为精致，前半部是世俗的，不但写武侠，还直接写到书生，有文有武，以武力和谋略来顽抗恶势力。后半部转进了形而上的神秘世界。胡金铨认为，世间的文武儒侠仍有其致命的局限性，斗争衍生斗争，相因相循，要想真正求得解脱，必须寻求神佛的显灵，才能让"光明战胜黑暗"。胡金铨到此阶段，已从游侠渐变为游方僧道，拜佛参禅。继后的《迎春阁之风波》和《忠烈图》都是重回侠道。《迎春阁之风波》是掺杂间谍的侠道。而《忠烈图》是爱国志士的抗日（明朝歼灭倭寇）游击战。各英雄好汉在荒山野岭进行连绵不断的斗争，拍出艰辛感和悲剧性。《侠女》"神秘化境"的创意，在国际上获得好评。《空山灵雨》是禅学"顿悟"化境较为成熟的诠解。《山中传奇》则为对鬼道与法术进行新鲜的探索。《侠女》《空山灵雨》和《山中传奇》是胡金铨电影中的巅峰，富有实验性，为中国电影所罕见。[①]

（二）"功夫蒙太奇"美学

当代武侠电影可分为两种，一种是从胡金铨导演本身的蒙太奇概念而产生的一派，另一种是像李小龙一样武行出身的实打型的武侠片，有的称为功夫电影。胡金铨武侠电影的特征：首先，融合舞台（特别是京剧）与电影，将二者的风格合并创造新的境界。其次，蒙太奇的技巧改变空间处理，达成视觉利用上的变革和飞跃，跳出武侠片的旧巢，自创一格。[②]胡金铨武侠电影还以多样性、丰富性著称。以融合间谍片手法的《龙门客栈》和《迎春阁之风波》最为卖座，评价最高，但意境最高的该是鬼禅电影类的《侠女》《空山灵雨》《山中传奇》及《大轮回》中的第一段。台湾影评家黄建业认为，胡金铨的武侠电影与张彻导演的武侠片风格有很大不同，胡金铨导演代表着北方系统的武术和气氛，张彻导演则是南方系统的代表。但无论如何，中国武侠片的族谱中，没人能超越胡金铨导演，其

①石琪：《行者的轨迹——漫谈胡金铨的电影》，选自黄建业总编辑《书剑天涯，浮生显影——大师胡金铨行者的轨迹》，台湾电影资料馆1999年版，第24页。
②粉雪まみれ：《李翰祥与胡金铨》，范建佑译，《Eureka》1997年5月号。

▲《侠女》剧照

艺术成就独一无二。

　　胡金铨武侠电影的蒙太奇剪辑作用有二：一是他用短镜头造成的实体逼近感。胡金铨设计的动作场面和节奏最为人称道。胡金铨能利用电影技法表达中国神奇的功夫。他的短镜头剪辑，在《大醉侠》《龙门客栈》中能够表现出武功的犀利性。《侠女》上集的最后一幕徐枫所饰演的忠烈之后杨慧贞在竹林中的决斗，堪称胡氏使用空间及剪辑的经典。在这场激战中，杨慧贞在杨涟部将顾将军、石将军的掩护下，逃避敌人的追捕。一阵奔跑之后，石将军一蹲身，杨慧贞一跃跳上石将军的手掌，借助石将军使力跃上竹梢，借着竹树弹力，腾空飞升，再反身俯冲而下，从空中看准一个东厂特务，对准他的喉头一剑穿透。同时白将军也一刀杀死另一东厂特务。女主角动作干净利落，眼光锐利，持剑划破天空、衣服切裂开来等音效充盈影片，胡金铨以敏捷、连贯的22个短镜头剪辑组合，产生超脱的、目眩的、震慑的、美妙的效果。胡金铨一格一格的精确设计，是用肉眼就着光源审视、一格一格精密衔接起来的，凌厉快速，一气呵成，造成慑人的气氛。他的这种技巧有的人称为"功夫蒙太奇"。[①]胡金铨武侠电影的蒙太奇美学，不单是镜头剪辑，更是在短镜头剪辑中融合了他的侠道和禅念，技术和内涵合一。

---

① 《视与听》(Sight and Sound)1975—1976年冬季刊，第10页。

二是利用剪辑来制造"神奇"的因果关系。胡金铨影片的打斗场面不仅动中有静，利用瞬间的凝滞，作为下步连绵出击剑招的伏笔，并且运用弧形飞跃动作，再与直线的挥砍刀剑动作对应剪辑，配上如梆子般的打击乐器，缓急有致的音效形成一种抑扬顿挫的节奏感。电影中的女主角或其他演员，并没有功夫底子，通过精彩的武打设计再加上突出的剪辑手法，非常富有戏剧性，很有气势。经过蒙太奇技巧精密纤细（日本影评家山田语）的处理，似乎每个人都成为武林高手。他发明了一种"偷格子"的剪辑技巧，通过底片部分影格剪除来达到他的"以剪辑技巧做出肉体不可能做到的功夫"，例如手接飞箭或是飞镖，使得影片对功夫的表现令人目眩。再如《侠女》下集中，高僧从悬崖上跳下的镜头和韩英杰的武打动作都令人印象深刻。人们为胡金铨的电影情节以及完美的动作设计所产生的效果而浑然忘我。胡导的影片中简短的镜头适切得如同魔术般艺术的剪辑，将观者带至佛教梦幻的境界。

（三）建构新武侠电影的精巧形式和结构

1．原创性剧情和场面调度

胡金铨电影遵循严羽言诗的切忌："语忌直，意忌浅，脉忌露，味忌短，音韵忌散缓、亦忌迫促。"做到他常说的"合乎情理、出乎意料"①。其影片的构图，有不少神来之笔和佳句偶然得来的妙趣。

胡金铨电影的剧情推展多是：在反面势力节节高升，正面侠士剪除了第一次恶势力来侵后，大量更强的第二次恶势力又随之压境，使剧情波澜起伏。最高一段恶势力出现之前，他总是把正面人物之间的关系安排得扑朔迷离。譬如《龙门客栈》的叙事，正如香港学者卓伯棠先生所说的是"阶梯式"手法："叙事的发展与人物微分，武功的高低成正比……是从低至高，由下向上，一级一级越级而上，人物的身份越高，武功自然就是越高，'官大，武功高'。"②多位侠士步步险恶，面对每个对手必须专注、灵活合作，才使得小喽啰、二档头、大档头到首领曹少钦一一被除去，这一次一次"任务的运成"，表达了忠奸明判、邪不胜正的世界观和道德观。

---

①胡金铨：《涵泳在中国古典剧场的血脉中》，《中国时报》1980 年 7 月 30 日。
②卓伯棠：《电影语言的开创者——论胡金铨的剪辑风格》，选自黄仁《胡金铨的世界》，台北亚太图书出版社 1999 年版，第 206 页。

2．胡金铨电影追求逍遥自在"动态"的力度和优美

香港影评人石琪曾以"行者的轨迹"来表述胡金铨的作品人物，就是不断地行走，有如宿命的行者，基本动作大致是步行、奔跑、冲刺、飞跃，乃至"神出鬼没，时隐时现"（《山中传奇》）。人物保持在"进行式"，镜头总是贴近人物的头或脚，与之平行移动，电影充满自然的动感。像《侠女》《忠烈图》《空山灵雨》中都有在树林追逐的镜头，为了不失焦，又不用砍出一条路给摄影机跟拍，胡金铨让演员身上绑着连接摄影机的绳子，演员绕着摄影机跑圆圈，所经之处再由工作人员举起树枝为背景，营造出不失焦的等距跟拍镜头的效果。

3．空间的艺术

胡金铨还经常将冲突的爆发安排在一个封闭的环境里。如《大醉侠》中的小饭馆、《龙门客栈》中的客栈、《侠女》中的清房屯堡、《迎春阁之风波》中的荒野客栈、《忠烈图》中的小岛、《空山灵雨》中的寺庙、《山中传奇》中的经略府，等等，都是封闭的环境。大杂院、茶馆、客栈这类公众场合，像个中国民间小社会。这些地方一向是三教九流汇集之处，亦有形形色色的平民相处一室。狭小的空间成为提供画面视觉张力的极佳背景，有限的空间成为导演集中戏剧性的焦点。再如，在40分钟的短片《怒》中，导演只用了一个场景。迂回曲折的楼廊扶梯，零落竖起的椅凳，不但是众角色最好的掩蔽，也将画面切割成层层叠叠不同空间及纵深的景观。

4．诗情画意的画面

胡金铨因具有绘画的功底，所以他能够用所有现场的实务经验，配合丰富的历史考据，营造视觉风格。他的一些横摇镜头显然是取自中国绘画卷轴的美学。胡导淋漓尽致地运用电影语言，同时对艺术形式也有极尽严苛的讲究。他的剪辑运用了不少古诗词音韵及并列的蒙太奇手法。他利用崇山峻岭、奇岩怪岛及古刹森林来营造磅礴的气势。景观在他的武侠片中不仅紧扣主题，同时也烘托景深及空间层次，为胡金铨独特的东方影像世界点染生色。如《侠女》中竹林决战一场的快节奏剪辑及《山中传奇》开始一场的山林、夕照、步声，气派之大，在当时台港电影中均称首见。

（四）融合京剧的戏剧理念和技艺

胡金铨讲过，"我学习、涵泳于中国艺术的无限传统之内，自知戏剧世界中许多高度的象征技巧多有其悠久深厚的民族根柢，这些'应用之妙存乎一心'历与程很难用理论或言辩加以诠释，但是没有人能够抹杀中国古老剧艺的沉潜高明，它使现代的电影工作者能够拥有更宽广的视境"①。

他在京剧中找灵感，吸收了大量京剧的元素去编排人物的亮相、武打、眼神、音乐等，创造了一个崭新飘逸的武侠世界。他的电影颇有一种京剧风味，如人物的脸谱化、动作的北派化和音乐的敲击式，等等。将京剧中人物的眼神及锣鼓点纳入剪辑节奏；犀利的眼神，转眸之间切换到另一场景或另一镜头，这使得电影节奏铿锵有力。至于锣鼓点的使用——以骤雨急弦式的锣鼓点象征剑拔弩张，以轻轻一点鼓提示悬疑及危机，这些都在《大醉侠》《龙门客栈》《怒》《侠女》《忠烈图》《迎春阁之风波》中发挥戏剧性效果。此外唢呐、琴筝箫笛等传统乐器被广为使用，使胡氏电影带有典雅传统的中国色彩。

武打设计是他借鉴自京剧的。他拍了很多武侠片，但其实他对武术不太懂。他的动作片借鉴自京剧，是将舞蹈、音乐、戏剧结合在一起的，让武术效果在电影中达到最惊人、最突出的效果。

他的电影角色是脸谱化和禁欲主义的。胡导自传统戏曲中汲取了叙事手法的脸谱化倾向，角色多属直线型性格，逢事遇难，性格也不会改变。人物的行为多重必然性发展，很少有偶然举动。各种人物忠奸立判，善恶分明，类似传统戏剧的生、旦、净、丑，基本上都具备禁欲主义的冷漠性格。他们的形象重于内在情绪，像徐枫冷峻的眼神、韩英杰的阴狠狡猾、乔宏的高大威猛。胡金铨电影的女主角都是身手高强、能打善战，强悍的女英雄。她们虽然美丽，但沉稳神秘遥不可测，她们的性别个个中性，上官灵凤、郑佩佩更是以男装出现。

至于《侠女》和《山中传奇》中虽亦有"性"，但终归是为了报恩、夺权，源于情感的因果关系。

---

①胡金铨：《涵泳在中国古典剧场的血脉中》，《中国时报》1980 年 7 月 30 日。

二、胡金铨武侠电影对中国电影的影响和贡献

第一，胡金铨被尊称为"武侠电影之父"，他创立中国新武侠电影美学艺术风格，使传统台港的武侠电影注入人文的精神，将中国武侠电影带进艺术的境界，让中国现代武侠电影在世界上独树一帜，逐渐成为世界电影的一种重要类型，无疑，胡金铨具有不可磨灭的历史功绩。黄仁先生称赞胡金铨是一位"真正会利用电影来发扬中国文化的精华，又会利用中国文化与艺术创造出中国电影其独特风格的导演"[①]。

胡金铨武侠电影叙事框架至今被不少武侠电影沿用。电影学者符诗专在对胡金铨电影的"视听元素"进行研究后，整理出胡金铨武侠电影叙事中的六项框架：

（1）力求明确的讯息传达；

（2）力求对正派人士的认同；

（3）力求观众的感同身受；

（4）以组织与组织间之善恶斗争为故事主轴；

（5）以历史事件为时代背景；

（6）传统戏曲手法的借用。[②]

上述几项框架往往同时出现在胡金铨的电影中，亦多为台港武侠电影借鉴、遵从的模式。纵观20多年来香港、台湾和内地（大陆）所拍的武侠大片，大致离不开胡金铨武侠片中鲜明的历史与善恶对立的强烈主题意识，剪除恶势力中，正面人物要付出惨烈的代价，甚至是悲壮的结局。

胡金铨导演的电影"标举的是东方传统的侠义精神"。胡金铨武侠电影多把故事放在特定的历史政治社会背景中，对腐败的政治和奸臣都大力鞭挞及讽刺。他对明、元时期的特务制度深恶痛绝，贬责东厂近乎特务的统治。为求历史质感，他对历史典章、文物、道具、服饰精心考据并进行高度艺术性处理。胡金铨武侠电影通过艺术造型、"功夫蒙太奇"，把中国传统上很特殊的概念和形象拍得富有逼真感。在画面上，他呈现了武侠电影的美感、动力、完美。李安称赞胡金铨的武侠片作品带有诗歌与文学韵味。从其后的台港喜剧功夫片、现代动作片，甚至玄幻片等多个片种

---

①黄仁：《胡金铨的世界》，第123页。

②符诗专：《胡金铨武侠世界里的视听元素》，选自黄仁《胡金铨的世界》，第241页。

中可以看出它们受胡金铨电影影响的脉络。徐克在美国留学时，即以胡金铨为其毕业论文的主题。许鞍华初入影坛，也在胡金铨门下学习。港台一批中青年导演如徐克、程小东等，其武侠片或动作片具有难度的画面、动作、摄影技巧中都隐约可见胡金铨潜移默化的影响。

20世纪80年代后期，胡金铨与香港的徐克合作《笑傲江湖》，将美术设计、服饰考据，甚至取景构图的观念带入香港电影界，掀起新的武侠片高潮。《东方不败》《黄飞鸿》等系列，都见证了胡金铨电影美学的传承，徐克重拍了胡氏的《龙门客栈》，为《新龙门客栈》。20世纪90年代李安的《卧虎藏龙》刚柔相济，正面角色为情为义，视死如归；其武打设计，诸如李慕白与玉娇龙在竹林里的缠斗，都仿照胡金铨《侠女》竹林劈刺的精巧剪辑，可见李安传承了胡金铨的功夫蒙太奇艺术手法。张艺谋《英雄》短镜头剪辑也可从胡金铨的"功夫蒙太奇"找到源头；音效上，诸如京剧的吊嗓、鼓点的敲击，以及武打设计跟胡金铨武侠电影一样，都借鉴京剧舞蹈动作和音乐。李安的《卧虎藏龙》在美国取得票房上亿美元，破华语电影有史以来的票房纪录，并作为华语电影获得了第73届奥斯卡最佳外语片、最佳电影音乐、最佳摄影、最佳美术设计四大奖项，这是华语武侠电影在奥斯卡得奖的破天荒纪录。张艺谋的《英雄》截至2003年1月4日票房突破1.63亿元人民币，破当时内地中外电影最高票房纪录，又获得第53届柏林国际电影节最佳影片金熊奖的佳誉，这说明富有中国文化底蕴的中国新武侠片已经站在世界电影艺术殿堂的顶峰，成为世界电影的一个重要片种，在世界电影市场上占有一席之地。这不能不说是胡金铨对武侠电影的影响和贡献。如今，徐克、李安、张艺谋等后辈"青出于蓝胜于蓝"，有新的超越和突破。

第二，胡金铨在台港培养了一批导演和技术人才，其信徒之多在台港影史上也不多见。胡金铨起用新人任主要演员，苦心栽培了上官灵凤、石隽、白鹰和徐枫等杰出演员。《大醉侠》在中国台湾地区和新加坡、马来西亚等东南亚地区十分卖座，带热郑佩佩、陈鸿烈和岳华都成了武侠明星。其在联邦影业的导演创业作《龙门客栈》，又为影圈造就了多位优秀的表演人才：上官灵凤、石隽、白鹰、苗天、徐枫、严菊菊（燕南希），等等。1970年，四大导演合作的经典巨著《喜怒哀乐》，胡金铨导演将京剧《三岔口》改编成《怒》，又发掘了胡锦、陈慧楼等极具潜质的演员。在20世纪70年代又培养了张艾嘉等一批出色的演员和导演，他对完美的执着、在专业上的精湛以及对文化的投入和尊崇，都让人们心服口服，也成为他的弟子从事艺术创作、待人处世令人仰望的风范。

譬如，石隽由胡金铨精细刻磨之后，亦成为亚洲影帝。岳华主演《大醉侠》、上官灵凤演出《龙门客栈》后，都成为台港明星。胡金铨更影响到能调节理想与现实的徐枫，1975年胡金铨带着"侠女"徐枫把中国电影带进戛纳国际电影节，走上红地毯，因此徐枫发誓要在"戛纳"拿金棕榈大奖。她退出演艺生涯之后，投效电影制作，出品30多部影片，投资组合香港、台湾和内地（大陆）的电影力量，出资让内地第五代导演陈凯歌执导《霸王别姬》。该电影于1993年为中国电影首次赢得第46届戛纳国际电影节最佳影片金棕榈奖、戛纳国际电影节国际影评人奖。徐枫又在1998年获戛纳国际电影节杰出制片人奖，达成了愿望。张艾嘉跟胡金铨出演了《山中传奇》，并兼习导演艺术，而今成为活跃于香港、台湾和内地（大陆）的集演、导、制、唱于一身的电影才女。她在执导筒时，勇于坚持自己的理念。李安对是否接受"中影"之请回台湾拍片犹豫不决，胡金铨到纽约时，特别劝他下定决心，他说戏当然要回到台湾拍。如此才有了《喜宴》《饮食男女》和《卧虎藏龙》，如今，李安亦成为世界知名电影导演。

第三，对台港电影工业界和市场，胡金铨电影也贡献良多，对建立台湾工业基础有不可磨灭的影响。

在邵氏公司执导《大地儿女》《丁一山》受挫后，在《大醉侠》拍摄后期，邵逸夫认为武打动作不够，延后上片，胡金铨受尽委屈。1964年，胡金铨离开"邵氏"，赴台加入联邦影业公司，担任制片经理兼导演，招考演员、训练演员。胡金铨襄助沙荣峰在台湾兴建的大湳联邦国际制片厂成为东南亚最好的片厂。为了拍《侠女》，特别建造一座非常考究的永久性的古装戏外景，几近建造一座古代城镇[1]，堪称台湾最大古装布景戏拍

---

①沙荣峰：《沙荣峰回忆录暨图文资料汇编》，台湾电影资料馆2006年版，第128页。

摄基地之一。胡金铨以好莱坞式的片场制度将上海时代制片手法精致化，"外景内造""内景外造"，使得片场搭景有声有色，包括李翰祥的"国联"在内的台湾民营电影制片走上专业的轨道。

在20世纪六七十年代胡金铨拍《大醉侠》，为武侠片第一个采用弹簧床拍片，增加演员弹跳的高度，以后大家纷纷效仿。他与北京著名戏班富连成出身的京剧演员韩英杰合作，首创增设"武术指导"制度。京剧武行出身的韩英杰，任演员兼任武术指导，负责设计拍摄打斗场面，韩英杰提及《大醉侠》影片武打场面时说："打斗场面我们除了利用剪辑以制造效果之外，更吸收日本武士片的长处，再糅合中国武术而使之更加悦目。"韩英杰、朱元龙（洪金宝）、吴明才先后担任胡金铨的武术指导，弥补了一般武侠片导演不懂武术的缺憾，自此港台建立起武侠、功夫片聘用武术设计、武术指导的机制。经这设计的武打场面在银幕上打斗流畅、一气呵成，造成一种逼真的电影效果，并且增强了主题意识，成功地塑造人物形象，具备武打招式的专业化，提升了中国武侠片、功夫片武术套招、投影技艺和水平，促进了武侠片、功夫片的发展，也成为中国武侠电影、功夫电影能在世界立于不败之地的因素之一。

开拓台港电影国际市场，是有抱负的台港电影企业家的梦想。《大醉侠》在台湾票房是200万元台币。1967年，胡金铨编导的《龙门客栈》在海外放映，遍及全球五大洲28个国家和地区，在台湾连映65天，观众逾34万人次，票房收益442万元台币，成为台湾片卖座冠军。在美国纽约上映三周，在旧金山上映两周，创下台港影片在美国发行的新纪录；并且率先打入韩国，打开东北亚、东南亚市场，成为马来西亚、新加坡的卖座电影；在曼谷东西舞台连映41天，票房收入折合台币500万元；在香港收入尤其惊人，港九地区14家戏院连映三周，总收入达210万元港币，约合台币1400余万元，创香港中外影片卖座最高纪录，在台港把武侠片推到最高点。

原载《当代电影》2011年8月第8期，第98—101页

李安中西合璧的电影艺术

一、李安电影导演艺术

李安是闻名于世界的台湾电影导演。1954年10月23日出生于台湾屏东潮州镇，祖籍江西德安县，1974年考上台湾艺专影剧科导演组。在校编导的话剧曾得学校奖，大二获话剧金鼎奖大专组最佳演员奖。大三拍毕业作超8mm短片《星期六下午的懒散》。1978年，进美国伊利诺伊大学戏剧系导演组，得学士学位，转纽约大学（NYU）电影制作系研究所，获电影艺术制作硕士。1983年以《荫凉湖畔》获台湾金穗奖16mm最佳剧情短片奖。1984年摄制43分钟同步录音剧情片《分界线》，获NYU学生影展最佳导演及最佳影片奖，在美国公共电视PBS上及亚美影展上放映。毕业后在家里耗了五六年，1990年《推手》剧本得到台湾"新闻局优良剧本"甄选最佳奖。与冯光远合作剧本《喜宴》，得到台湾"新闻局优良剧本"甄选优等奖。原在台湾电影资料馆任馆长的徐立功调到"中影"，看李安极具导演潜力，投资让他把他的两部得奖剧本《推手》和《喜宴》搬上银幕，投资《饮食男女》在台湾拍摄。

《推手》《喜宴》《饮食男女》是李安家庭三部曲，中西合璧，综合中国传统电影美学和好莱坞电影模式，兼顾中外文化传统和中西方观众口味，做到雅俗共赏。《推手》触及中西文化的冲突；《喜宴》谈同性恋和异性恋的关系；而1993年10月"中影"投资在台湾摄制的《饮食男女》，则建构出中国传统的"食"与"性"的关系平衡，三部片一脉相承，都是论述中国文化价值观在现代的蜕变／解体。在主题上新旧冲突、中国家庭的伦理关系则是没有变，面对事情不一定要拼得你死我活，家人都有一种弹性，或谓宽容，或谓妥协，而在演绎上、艺术构思上，又各有情趣、新意。李安的三部电影都属于围绕中心冲突运转叙事的情节剧电影，因其本人在台湾艺专和美国伊利诺伊大学共经历了5年的戏剧训练，受舞台剧和好莱坞电影的影响，有较强的起承转合的戏剧性，结构布局和心理发展，兼带抒情伦理，角色发展，时间延伸较大，营造轻喜剧的叙事风格。戏剧性的情节放置成为其影片架构的重要支点，其影片叙述单元小而集中，场与场之间或段落之间的转换较明确。李安的三部电影都选择性地创造了一个极有限度也较封闭的时空。镜头的运用和取景，剪接的节奏和搭配，都突出人物的心情和所处的情境。除了优越的制作技术所构成的叙事形式外，也涵盖了剧情内容在东西方文化间所寻求的平衡。他的影片在本体效果上恰恰表现出某种写实的特征，似乎是摄影机无意间捕捉了人世沧桑变迁中的瞬间。

《推手》颇为真实地表现了生活在异国他乡的哀乐老年。朱老是北京著名太极拳总教练，儿子朱晓生是电脑博士，在美国娶一美籍女作家玛莎，并育有一子杰米，受中国传统扶老育幼观念影响，将父亲朱老自中国接来美国奉养。一个屋子里，翁媳言语不通，生活习俗和两代人观念差异，无法兼容，冲突迭起。朱老每个星期天到华人学校，教一群学生练太极拳，认识了一位来自台湾气质高雅的陈太太。两位老人各自离开儿女而结合，互相扶持，解除寂寞孤独等多种困扰。影片超越传统的"婆媳矛盾"情节，为现代中国家庭设立了一个新的环结。而这环结乃是取自美国的文化价值观：强调独立自主的个人主义。以夫妻为核心的美国家庭，压倒了中国以父子为中心，三代同堂，养子防老的依赖心态。这个美国式的结局，具有异地再生、迟暮之春含义的乐观精神。《推手》处理剧情因果逻辑关系，把握准确的戏剧点，在人物组成上精简，老中青三代，老一代代表传统，第二代中西合璧，第三代已是西化的一代，从社会学来说，海外华人的结构、心理和文化表征正在发生着显著的变化。导演采用传统古典戏剧的叙述手法，纯熟得体地说故事，擅用隐而不露的中性立场，观众仍感到剧中人物温馨，饶有情趣。

《喜宴》讲从中国台湾至美国留学的高伟同，拥有美国绿卡，置一幢破旧房屋，有一间租给来自上海的女画家威威。伟同与美国男子赛门是同性恋者，为应付在台湾的伟同父母抱孙心切的传统观念，急于要获得美国绿卡的威威跟伟同假结婚。伟同的二老从台湾赶来美国，替儿子证婚，在

"中国宫"举行豪华又热闹的喜宴。洞房花烛夜，假戏成真，威威怀孕，赛门吃醋发怒，伟同与赛门濒临分手。高父默认赛门跟高家的关系，威威留下肚子里的孩子。彼此维持了和谐的关系。

剧中只是部分因同性恋而引发的故事，带有较为复杂的东西方文化的背景，以及现代意识、中西伦理观的冲突和兼容、协调。探讨新旧交替、文化差异在同性恋上的表现和心理特征。它没有偏激丑化任何人，或做谁是谁非的简单价值判断。三者"各怀鬼胎"，终归以伟同为核心，父母亲默认伟同与赛门同性恋的现实，与威威夫妻异性恋的三角关系。异性和同性的"两妻"都向丈夫妥协，颇有中国传统宗族社会以父权为中心，男人可以有妻妾的变调，也传达了中国传统的父权意识："不孝有三，无后为大"，"甚至把一切个人的尊严与自由选择都服膺在这个前提之下"[1]。有的影评人认为"聚合纽约的先进意识形态与中国的古老价值观，同性恋与传宗接代，以及女人的自立与母性"，"它用'尊父''传宗接代''女人'（以及同性恋爱人）牺牲奉献等桎梏驯化了性别解放的妖怪，在既有体系内部制造出安全、温馨的气氛"。这种处理接近中国的包容思想，符合中国传统戏剧和好莱坞电影大团圆结局的模式。

戏以室内为主，范围不出客厅、睡房、厨房，产生的趣味、冲突都在这里发生，把这些环境当作舞台剧处理。镜头的运用，剪辑的节奏，都以突出人物为先。利用广角前摇镜头，拍摄不太大的餐厅中许多人欢宴、热闹的贺庆场面，增强了影片的喜剧色彩。导演故意用轻松幽默的手法，把许多复杂的问题低调处理，技巧及戏剧心理的掌握颇为娴熟。

《饮食男女》不再是父亲／儿子的矛盾，而是一父三女的家庭架构。以当代繁华的台北为背景，说的是一个家庭解构和重新结构的过程。"饮食男女"成语出自《礼记》，其意与孔子的"食色性也"大致相若。中国伦理传统受儒家学说的支配，封建意识浓厚，男尊女卑，小众甚至个人情欲永远不能公开或作为讨论的话题。影片透过食和色，将这个问题勾勒出来。借着一位厨师的父女关系及味觉丧失的比喻，娓娓推向一种略出人意表的调和关系。

---

① 《信报》1993 年 2 月 24 日。

五星级饭店名厨师朱师傅精于厨艺，中年丧妻，独立抚养三个女儿成人。这个家庭共同体，解构力量来自每个人有数个故事支线，各种爱情故事让这个家庭形成新的力量。三个女儿对爱情、婚姻亦持有独特的见解和偏好，要比一般人略感崎岖。三个女儿代表了今日台湾不同的女性，长女家珍兼任母职，是一所中学的教师，个性古板，虚拟其恋情。次女家倩是一个广告公司的创意总监，与分手男友有性无爱。幺女家宁最小，是一位对浪漫爱情无可救药的崇拜者，反叛心强，"撬"走女友的男友。朱师傅在太太死后，就努力为家中女儿及邻居离婚少妇的小女儿弄饭菜。三个女儿不论何时都把朱师傅摆在第一位，也变相地成为自己逃避婚姻的借口，心底却涌动开创新生活的渴望。岂料老父亲当众在饭桌上宣布与年轻少妇梁锦荣之间的感情，她却是家珍大学同学的大姐。传统上父亲是"礼教"与"法则"的体现者、规范者，一旦情欲暴露在儿女面前，辈分传统观念"为老不尊"，引起家庭混乱和众人的迷惑、排斥甚至冷眼。也正是父亲亲自打破僵局，造成家庭解体到再结构的转变。朱师傅在女儿的孝心下误会冰释，大姐、妹妹出嫁，老二家倩继承父亲厨艺。作为大厨的父亲，也肯定女儿的烹饪手艺，导演以女儿端汤，父亲接手，象征父女心灵相通的开始。李安以这要四分五裂的家庭，隐喻传统家庭的解构，随剧情的发展，让其各有归宿，重新建立起父女和谐的关系。

独特构思，风格化手法，是这部电影成功的重要原因之一。影片采用多线推进的多重复调式结构，父亲和三个女儿都成为影片的主角，情节分解成多条线伸展到每个人的生活中，不时交织在一起。三个女儿分别叙述，它像拼图，到了八九样图样清楚了，才能体会到片中趣味性。故事层次分明，叙事流畅，能娴熟掌握喜剧桥段，一步跟一步，一个跟一个趣味、笑点，渲染气氛，恰到好处。摄影流畅，尤其自然光摄影技术极高，同步录音，利落的剪辑及场面调度，找不到失手或失控的地方。演员对情感戏做到内敛自如，郎雄饰演朱师傅，吴倩莲饰二女儿，能细腻表现丰富的内心活动和感情波澜，点到为止，不是镜头适时地转到下一景，就是转到空镜，显得干净利落。用饮食来表现出家庭成员个人和互相之间的关系，处理得和谐细致，少了李安前两部电影那样的简单化和刻意典型化的演绎手法，是台港影片中一绝。

李安在1995年导演的《理智与情感》、1997年导演的《冰风暴》纯属欧美题材的好莱坞电影，都是描述中产阶级家庭的危机和裂变的。《理智与情感》改编自19世纪英国简·奥斯汀的一部小说，完全用英国演员、英国剧本、英国制作，属英国化古典影片。故事是一个甫遭父丧面临生活困窘及世情冷暖的姐妹爱情遭遇，姐姐埃莉诺守礼、信实、尽责，对爱情审慎、保守及矜持，妹妹玛丽安娜对谦谦君子威洛比痴情。19世纪英国女子的教养、理智，结果也摆脱不了感情的纠缠。姐妹各走极端，慢慢从对方身上学到把理智与感情协调。结局是受过感情折磨的埃莉诺和爱德华、玛丽安娜和布兰登上校终成眷属。说明理智和情感，两者不是互相排斥的两极，要懂得因事制宜。李安以细腻的手法，美丽的画面，悦耳的音乐，罗曼蒂克的气氛，爱情欲吐还休的情绪，营造讽刺诙谐温馨的电影风格。将一个"爱情故事娓娓道来，处理得有条不紊且趣味盎然"，"充满着李安导演经常强调的中庸平衡之道，放在一个二百年前的英国中产社会中依然得法，甚至可以称为更具体地带出了简·奥斯汀小说中强调的理性和感性的平衡"。"那些精致景观的摄影，及英国社区的礼仪与矛盾冲突，李安结合东西方文化两大源流——吸收所长形成独特风格。"[①]

《冰风暴》是20世纪70年代美国现代寓言，改编自里克·穆迪的同名小说，以1973年美国东海岸的康涅狄格州为舞台，透过两个中产家庭的遭遇，揭示道德崩溃给家庭及其成员造成的冲击与影响。1973年，美国发生石油能源危机，经济停滞，通货膨胀，尼克松水门事件、越战陷在泥沼、性革命和妇女解放，各种励志振奋人心的奇门怪招也纷纷出笼，资本主义、民主主义及工业快速发展，人们面临政治、科技、道德与性方面需要彻底改变的天人交战，许多家庭只能无助地被卷入时代的旋涡，许多家庭在新旧的矛盾和尴尬中该如何调整，是这部影片叙述的重点。男女主角由好莱坞明星凯文·克莱恩和获得奥斯卡金像奖最佳女主角和最佳女配角提名及两座金球奖的西格妮·韦弗主演。他们纯熟的演技，准确诠释了剧中

---

① 罗卡：《〈理智与情感〉讨好两性观众》，《电影双周刊》1996年第443期，第95、96页。

的角色。影片气氛沉重，手法含蓄，让观众玩味，与好莱坞历来渲染视听效果夸张做法相悖。李安用东方人文精神色彩，勾勒出一幅乱世中的美国家庭画像。1999年李安导演的《与魔鬼共骑》（*Ride With The Devil*）改编自丹尼·沃克的小说《悲哀地活下去》，描述美国历史上密苏里州和堪萨斯州，发生在南北战争末期年轻骑兵的善恶冲突，两州所有居民都被这场战争折腾得几近疯狂。派拉蒙公司投资超过3500万美元，由美国"好机器"公司和李安工作室联合制作。

2000年李安与徐立功的纵横国际影视公司合作《卧虎藏龙》，是拍给西方人看的一部纯中国式武侠片，导演之前就定下冲击奥斯卡目标，先用英文完成，然后才翻译成中文，很多表现手法细节处理，都迎合了美国人的口味。顾及华人市场，聘用海峡两岸暨香港明星周润发、章子怡、杨紫琼主演。以庞大的资金规模和专业技术人员做后盾，营造出磅礴的气势。片长119分钟，由中国电影合拍公司、纵横国际影视有限公司、英国联华影视公司及美国哥伦比亚电影制作（亚洲）联合出品，耗资4500万美元，在北京、杭州、新疆等地拍摄。由台湾名编剧王惠玲和电影作家蔡国荣，改编王度庐的小说，原著不像金庸武侠小说那样枝蔓错杂，编剧大刀裁剪，重点突出玉娇龙，罗小虎、刘捕头的戏点到为止，李慕白和俞秀莲的前生姻缘与红尘风采，简略带过。

李安的电影向来念兹在兹于儒家伦常礼教的探讨。在他看来，只要有伦常礼教处，就有人心的卧虎藏龙。此部影片，"卧虎藏龙"系隐喻，正如李慕白对俞秀莲说："江湖卧虎藏龙，人心何尝不是？"映像和叙述互为表里，电影表里不一定框对应，有时是相对比，铺陈中年含蓄压抑的李慕白与俞秀莲，少年放恣任性的玉娇龙与罗小虎，视觉聚焦的玉娇龙和李慕白，牵动了两组平行关系中卧藏的潜意识错位：清朝女子俞秀莲（杨紫琼饰）和玉娇龙（章子怡饰），为着对爱情和生命的坚持，徘徊在正邪之间。俞秀莲是一位忠肝义胆、身手非凡的女侠，俞秀莲之未婚夫为救好友李慕白而死。俞秀莲的未婚夫（"他者"）如影随形，成为横隔在李慕白和俞秀莲之间的阴影。俞秀莲在追寻被偷宝剑过程中遇上玉娇龙。玉娇龙出生于一个权倾一时的官家，反对父亲的指婚。李慕白（周润发饰）是一位武当山武功盖世的侠客，与两位侠女之间有着特殊关系。玉娇龙寻找真正的爱情，与在蛮荒之地长大、生性狂野的山贼罗小虎（张震饰）私订终身。李慕白向玉娇龙追回被盗的剑。玉娇龙的师傅碧眼狐狸（郑佩佩饰）作恶多端，她杀师夺"心诀"，是声名狼藉的逃犯。碧眼狐狸以迷香熏玉娇龙，以毒针攻她，李慕白为护卫玉娇龙而中毒针。当玉娇龙取回解药，李慕白已死在俞秀莲怀里。电影结尾，玉娇龙果然登上了武当山，罗小虎拿着梳子要求延续情缘。玉娇龙飞身跃入悬崖峭壁。武当山山势峥嵘，山腰云雾缭绕，在时空中维持其自有的平静。[①]《卧虎藏龙》其艺术独特之处在于：

其一，角色情感含蓄和模糊。《卧虎藏龙》的制作兼编剧夏慕斯（James Schamus）说："影片里，主要角色所表达的是内心朦胧和自我冲突的心境。"内心情感的矛盾造成动作意图性的模糊，主要人物在激烈的打斗中，没有一方真想将对方置于死地。玉娇龙和俞秀莲交手，以及玉娇龙和李慕白追逐过招，无不是在拳脚交缠、兵器相接，打斗既激烈又优雅，变成一种纯艺术风格，刀剑拳脚往来时"收"和"放"动作的纠葛，看成内心情感斗智的外露。

李慕白和玉娇龙两人朦胧复杂的关系。李慕白对玉娇龙除了"师求徒"的动机，暗中渗透男女之情，不能明言的动机染上一层幽微的色彩。玉娇龙偷了李慕白的青冥剑，直捣黄龙，李慕白循迹追来。竹林之战，两人的对打也似乎像是男女的追逐，两剑相交，并非仇杀，没有一个人会有意伤害对方。竹子柔软的身姿和侠士缓雅的动作，刚柔相济的韵律，竹子的摆动；玉娇龙在特写镜头中似乎有点眩晕迷情，李慕白从上看对方，面带微笑，他的微笑是一种错综复杂的情感流露，有点惜才、调情的嬉戏意味。

江湖与礼教社会并非二元对立，江湖之中仍有礼教之束缚。没有压抑，何来征候，正因有礼教，江湖才有"怪胎"情欲。武当山收男不收

① 《联合文学》总第 198 期。

女，玄牝剑法适阳不适阴，但李慕白仍坚持"破例"收徒，俞秀莲屡劝不醒，他本可轻易夺回宝剑，却对不领情的玉娇龙穷追不舍。俞秀莲怀中死去的李慕白，正在以10年含蓄幽微的情爱，再次压抑晚近被莫名冲撞出的欲望。李慕白的死，让他不会犯戒，成就一个大侠的完美叙述。

其二，角色造型非常出色。章子怡的玉娇龙文细武灵，因本片确立了新侠女的形象；周润发的李慕白，挺拔有神；杨紫琼的俞秀莲，神敛精收；郑佩佩的碧眼狐狸，怨愤含毒；张震的罗小虎，野狷不群……人物一出场，人格不尽完美的缺陷，就有让人一眼难忘的说服力。

其三，音画的完美结合和优美的韵律。台湾电影学者简政珍称道："人物意识的外弛风张、画面在置的对应及对比、剪辑点和主叙述的辩证、朦胧性的反衬、瞬间重叠的时空，都充满了动静起伏的韵律和动感。"①影片在既震撼又优雅的刀光剑影、飞檐走壁、点穴、掌风武打动作中，拓展人性的深度，以映像的律动铺陈一个动人的悲剧，将观众带入人与人错综复杂的意识世界，而跨越传统华语片或是好莱坞动作片的肤浅。流畅奔泻式的动作和人性纤细的思维互为经纬。这些由情节所牵引的"神话"动作，却因为映象精巧的律动，变成影片魅力的焦点。

黄山云海、新疆雪原都只是虚幻空相，一直到了李慕白与玉娇龙的竹林对决，身轻如燕的两位侠客踩在竹叶竿身上比内力、比剑法的场面，全片的诗情霎时脱颖而出。视觉意境上，这场决斗像一幅绿意葱葱的行武图，优雅缥缈，写情写意两得兼；听觉搭配上，谭盾和马友友中西合璧的乐音旋律，如风声，如叶落声，如舞者抗拒地心引力的高亢飞天，实为赏心悦目的经典。此外，玉娇龙的夜袭盗剑、俞秀莲和玉娇龙的对决，不但是人体武技舞姿，更是手鼓与木竹敲击的传统中国乐器与武打旋律配合得天衣无缝的精彩展示。玉娇龙的死缺乏合理的诠释，就算她间接害死了李慕白，在江湖上闯下大祸也罪不至死，更何况她已叛离家门，江湖翻滚，礼教家法于她应已无有束缚，大可浪迹天涯，游走四方。她不需以死甩掉罗小虎，也无法以死答应罗小虎"一起回新疆"的心愿。

①简政珍：《〈卧虎藏龙〉悲剧与映像的律动》，《联合文学》2001年第198期。

二、李安电影的意义

第一，中西合璧的电影艺术风格。有的人认为李安已融入美国好莱坞的主流，实际上并非如此。李安的父母都是从事教育工作，父亲是台南一中的校长，母亲是教员，父母对他影响很大。李安受中国传统文化熏陶长大，血管里流的是中国人的血，即便在美国住了14年，但李安的思想感情还是很中国的，他在电影中的温柔敦厚、家庭温馨、宽容和体谅，多带有一种道家的处世哲理。李安对中国文化内涵的熟悉，比起外国人更善于把握中国人的内心情感世界，所以常能对那些典型的中国式情节，赋予一层新的面貌。他的风华年代在美国待的时间较长，接触美国社会文化生活，熟谙欧美戏剧和西方电影，比起长年在台湾本地生活的同样世界级导演侯孝贤、蔡明亮，对西方的社会文化人情世故，有更多的了解和感性认识，成了他的长处。身处美国，却能以旁观者，一直保持这样的身份和认同，整体观念反而清晰。他说："正是这种总体性概念使得我比他们容易抽离出来，从比较纯粹的共通性和人性的情感去掌握主题。"《推手》《喜宴》《饮食男女》可称为"中学为体，西学为用"成功的作品。李安随着逐渐世故和成熟，导演经验的丰富累积，能达观东西方文化差异，自觉地与世界影坛建立起国际性的对话，进入更广阔的天地表现世界以及人的感情、行为或者哲理，正是有其他台湾导演缺乏的长处，他的创作空间较大，他拍的电影能为中外电影观众广泛接受。有了投资和发行的保障，这是台湾电影近几年罕见的现象。

第二，商业和艺术熔于一炉。李安的电影做到艺术与商业兼顾，雅俗共赏，艺术性和观赏性、娱乐性兼具，以极高的票房，让投资者名利双收，获得投资人的信赖和器重。同时，人们也看到他的影片在商业包装下谋求较高的文化品位，以探讨人情伦理和文化冲突的趣味取向，静观调和、虚无清静的"出世"的修养品格，而他在现实的处世原则上遵从的则是谋求进取，顺应机变，予人一种"入世"的感悟。

李安拍的电影，几乎部部扬名于世，在世界A级影展，即艺术性或商业兼具的电影节：美国奥斯卡金像奖（《理智与情感》最佳编剧）、戛纳

（《冰风暴》最佳编剧）、柏林（《喜宴》和《理智与情感》最佳影片金熊奖），均得过大奖或重要奖项，他1991年至1997年共拍五部影片，就有三部入围奥斯卡金像奖或奥斯卡金像奖最佳外语片，这在中国电影史上至今绝无仅有。李安的经验再一次证明，中国导演除了"艺术电影"能在国际上扬名外，只要把娱乐电影拍好，不仅可以在重要国际影展上拿到大奖，更可以在世界各国到处卖座。李安的电影具商业和艺术相融的双重品格，为今后无论是台湾、香港还是大陆（内地）的电影进攻国际市场，树立了新的范例。

原载《台湾电影史话（修订本）》

中国电影出版社2008年版，第474—489页

李翰祥的导演艺术

一、传奇人物

李翰祥是中国一位杰出导演，他一生的经历、电影创作与中国的当代历史关联，青年时代受到中国传统文化、戏剧、历史、绘画的艺术，三四十年代中国左翼电影的优良传统的熏陶。1949年以后，长住香港，在中国政治历史的复杂和世事多变的时代里，他审时度势，借助丰富的人生阅历，发挥自己的才华，使他在不同时期都有辉煌的业绩。李翰祥作为电影导演，纵横香港、台湾、内地（大陆）三地，拍片甚多，尤其在台港影响很大。

李翰祥，辽宁锦州人，1926年出生，幼年到北平，在市立三中读高二时，考入中国杰出画家徐悲鸿担任校长的北平国立艺术专科学校绘画系修习西画，担任综艺剧团团长。1947年因参加反内战、反饥饿的北平艺专学潮示威游行，被开除学籍。经戏剧家马彦祥介绍，到上海熊佛西主持的戏剧专科学校。1948年上海局势混乱，他拿着《双城记》电影导演沈浮的介绍信到香港，进大中华公司任特约演员，首次演出《女人女人》。为了生活，他摆过地摊卖画。为了学习演技，考进由张骏祥、欧阳予倩等名家出任讲师的永华公司演员训练班。1949年，进张善琨主持的长城公司任宣传部美术广告员，当过大观公司美术设计师和布景师，参加过《一代妖姬》和《花街》等片演出，当过场记，在香港荔园演过话剧。

1951年，李翰祥又转到永华，担任演员、编剧及副导演。1952年，严俊导演的《翠翠》，由李翰祥编剧。《翠翠》改编自沈从文的《边城》。李翰祥给严俊当副手，严俊兼饰片中的男主角忙不开身，实际由李翰祥任执行导演，已展露才华。《翠翠》上映后轰动一时，台湾发行该片的联邦影业公司支持永华公司制片厂厂长朱旭华自组国风公司，拍与《翠翠》同一类型的乡土歌唱片《金凤》，由李翰祥编剧、严俊导演。永华公司在1953年再拍西洋歌剧式的神话歌唱片《嫦娥》，李翰祥升为导演，不过是他与但杜宇合导。香港女明星李丽华为亚东影业公司拍《雪里红》时，指名要李翰祥执导。于是这部《雪里红》便成了李翰祥首部当家独导影片，李翰祥自编自导。影片描写北方杂耍卖艺走江湖的生活，以两女一男的三角恋爱故事为骨干，李丽华饰背夫偷汉的荡妇，和初上银幕的葛兰唱一段大鼓，具有浓郁的乡土情调。导演手法细腻，博得好评，后又拍了《马路小天使》，邵氏公司看中《雪里红》李翰祥导演的功力，与李翰祥签了长期合约，李翰祥成为邵氏公司的导演。1963年因香港邵氏公司与国泰机构（香港）有限公司的商业竞争，李翰祥得新加坡、马来西亚的国泰集团和台湾联邦影业公司各投资一半，以及台湾电影制片厂的支持和撑腰，移师台湾租下台铁在美国新闻处隔壁的大房舍，建立国联影业公司。1964年6月20日，到台湾参加第11届亚洲影展的星马国泰机构和香港电懋的董事长陆运涛、联邦影业公司总经理夏维堂及台湾电影制片厂厂长龙芳等30余人，在台中丰原发生空难事件，全部罹难，李翰祥失去财力、发行和垫款得力的支持者，加上李翰祥不善理财，建厂求大而全，发行受制于人，1967年7月，李翰祥主持的国联公司因财务亏损破产。后来，李翰祥借口去东京为《缇萦》配音及剪辑，在东京配音结束，1971年飞回香港，以"新国联"的名义在香港重起炉灶，出品《骗术奇谭》，此片带有他自身在港台投身导演和制片受骗的经历和感慨。李翰祥独当一面组建公司被搞得焦头烂额，在邵氏公司有过他升任电影导演的如鱼得水时代，也是最能发挥他的特长的拍片环境，经人穿针引线，李翰祥回邵氏公司专心拍片。

1978年10月，李翰祥决定到美国治疗心脏病，动外科手术。考虑生死难测，他悄然先回到他所挚爱的、魂牵梦萦阔别30年的北京，参观故宫等许多名胜古迹，又与大陆电影界新老朋友广泛接触。李翰祥在邵氏公司和台湾拍的古装片，好评胜过指摘。但总是受环境的限制，不能任由自己充分发挥，无法拍出真实历史的那种气魄和悲烈浓重感。李翰祥梦寐以求能到故都北京，在清宫实地拍清宫历史巨片，为中国电影进军世界影坛尽些绵薄之力。1983年，香港缤缤公司和亚视公司组成的新昆仑影业有限公司，与中国电影合作制片公司合作，让李翰祥导演清宫历史巨片《火烧圆明园》《垂帘听政》，李翰祥终于圆了在故都拍清宫史的梦想。1996年李翰祥导演由刘晓庆投资、主演的40集电视连续剧《火烧阿房宫》，12月17日下午约4时30分在北京拍摄现场，因劳累过度，宿疾心脏病突发，抢救不及逝世，享年70岁。

李翰祥自1952年到1996年这44年间，共导演80又1/4部电影。他的电影导演生涯大致可分为三个发展阶段：第一阶段是1949年进香港长城公司任美术广告员，1952年协助严俊导《翠翠》，独立执导《雪里红》，而后进邵氏公司，到1963年，李翰祥导演的《梁山伯与祝英台》风靡港台，10年间他导演的26部电影，包括写实片、爱情片、悬疑片、恐怖片、武侠片、古装片、民俗片、宫闱片，对这些电影的技法都做过摸索和试验，颇有斩获，尤其古装片成就非凡，可谓是李翰祥电影的探索期。第二阶段自1963年在台湾组建国联公司，到1972年的8年间，在台湾自导11又1/4部电影：《七仙女》、《状元及第》、《西施》、《冬暖》、《四季花开》、《扬子江风云》、《鬼狐外传》、《喜怒哀乐》中的《乐》及《缇萦》等，监制国联及挂名总导演23部影片，为李翰祥电影发展时期。第三阶段是李翰祥1972年重返邵氏公司，喜剧片《大军阀》重新奠定其在香港市场地位。李翰祥自1972年回到邵氏公司及1982年来内地拍片前夕的10年间，为邵氏公司共导了39部片子，平均每年3部以上。影片类型大致可分为喜剧片、风月片、宫闱片、稗史片。尤其为香港引领喜剧、风月、清宫类型风潮，《大军阀》《北地胭脂》《骗术奇中奇》都显现了强烈的犬儒态度，对人性彻底鄙夷及嘲弄。70年代中期以后，他仍然未放弃对中国思古的向往，但以他所熟悉的清宫正史、野史的诠释为重点，至1996年拍了清朝背景的故事片多达11部。其中主要作品有《倾国倾城》、《瀛台泣血》、《火烧圆明园》、《垂帘听政》、《火龙》、《八旗弟子》、《西太后》（二、三集）、《敦煌夜谈》等。《火烧圆明园》在香港取得港币2000万元的高票房。他1995年导演的《情人的情人》则是集奇案、感情和社会问题于一身的写实电影。1996年导演的《火烧阿房宫》，是李翰祥第一部电视剧长篇。1972年至1996年24年间，共导演39部电影，为李翰祥电影的鼎盛期。

二、历史意识

李翰祥的电影充满矛盾冲突，丰富而多彩。他的作品多自编自导，题材风格多变，他拍的电影类型也多，如历史宫闱、戏曲、恐怖、武侠、喜剧、间谍、战争、写实、文学电影等都有，水平上下起伏不定。"他表现的始终逗留在人情世界之内"，"中国电影主要是抒情的，不脱人伦矛盾、生离死别，李翰祥可以说是跟随着这个传统"。[①]

李翰祥人生阅历丰富，精通中国文史，对历史考据的沉潜颇深，对传奇典故娴熟，如数家珍，无不使他的各类影片风格有着别人难以企及的生活实感、历史深度和厚重感，那种属于文人气质的电影感和专属于文艺性而又很平易的韵味。

巴赞认为，历史最根本的目的在于超越时间而臻至永恒。[②]唯有历史的叙述者超越自身政治倾向和局限性，才能在某一历史断层或某一侧面完整客观地叙述历史和过去。李翰祥的历史故事片，不是回到维护正统皇权的立场上去，为帝王将相歌功颂德，即便在他的历史故事片中描绘了天纵英明的皇帝、歌舞升平的盛世，但仅是作为帝王兴衰的一个侧面。而以现代人的角度，借助银幕历史人物命运，对历史进行探究诠释，有对封建专制的剖析，但更多的是写封建帝王君臣关系和斗争，主要人物复杂的性格冲突，人处在不同地位时，人与人之间相互的关系和制约，包括精神上、心理上、心灵上的冲突。注重个人的命运和揭示朝代兴衰的前因后果，揭露封建专制和帝王摧毁人性的本质，以及人们对自由、人性的追求。表达了导演对政治、人性等的哲理性思考，借古思今，把一个历代宫廷的斗争拍成一个现代寓言。他的作品不只是一种乡愁的回顾，而且反映了一个君权时代的面貌，可以说在宫闱片里作者只客观地铺叙了一段史诗，并不把作者个人的浪漫精神加入作品之中，正显示出他自觉的中国历史意识。他的历史故事片大历史背景是真实的，或者比较接近历史真实，也虚构一些

---

①罗卡：《情趣浮面人文传统》，《电影双周刊》1982 年 10 月 21 日，第 97 期。
②安德烈·巴赞：《电影是什么》，中国电影出版社 1987 年版。

人物，都带传奇色彩，并接触到比较有深度的人性，不管是夫差与西施，唐明皇与杨贵妃，慈禧与光绪，还是光绪与珍妃，他们之间的关系都处在一条与外界政治势力冲突的基线上，这些人物在李翰祥的宫闱片里，都成为一种濡沫残喘的悲剧角色。[①]李翰祥生于离乱，又受中国传统文化的熏陶，在他的历史故事片里倾注了强烈的民族意识和爱国情操，以及浪漫的家国忧患之思。

为真实表现宫闱片的历史感，渲染、编织君王盛衰和爱情、家族悲剧的社会生活氛围，李翰祥喜欢运用片场内外搭景。

好莱坞《十诫》《埃及艳后》《宾虚》《万夫莫敌》，题材取自稗官野史，以大场面、豪壮的气势，烘托一段混杂战争及炽热爱情的史诗。这些气势磅礴的电影，在港台都引起一时的轰动。然而，这些影片反映的是西方文化、历史和宫廷生活，反观具有中国博深历史和文化的中国历史电影巨作却很少。20世纪50年代初期只有香港永华公司曾由朱石麟导演过《清宫秘史》，把北京清宫实景在摄影棚中搭景做背景，虽然以假乱真，布景服装和摄影精细考究，华美夺目，但气势不尽如人意。胸怀大略的李翰祥矢志效法西方历史故事片的片场美学，在邵氏影城搭景，以假乱真拍出古代宫廷的气势，到台湾组建国联公司后，与台湾电影制片厂合作，拍台港电影史上前所未见的大制作、大成本、大阵容《西施》。80年代李翰祥得以在贝托鲁奇之前，作为港台北上第一位导演，到故宫实地取景拍摄历史宫闱片《火烧圆明园》和《垂帘听政》（两部同是杨村彬、李翰祥编剧）。

他对布景（尤其内景）的设计和搭建，研究精辟。在创作宫闱片的意境上，每拍一部不同年代的戏，便要多方搜集正史乃至稗官野史的历史资料，一切有关的风物习俗，举凡历代的典章制度、建筑服饰和庭院设计，差不多都涉猎了，借在香港邵氏公司和台湾国联公司片场，建造大堂豪华的内景，精雕细琢；或在北京故宫、承德避暑山庄实景，拍得很有气魄。影片历史背景和环境、摄影和构图，都很大气，色调沉稳、厚重、辉煌、古朴、典雅。导演借助片场的内外景或实景，从布景、道具、服装到摆

---

①王墨林：《李翰祥的历史意识》，载于《中国的电影与戏剧》，台北联亚出版社1981年版，第22页。

饰，把古色古香的豪华宫殿、亭台楼阁、雕栏玉砌、曲廊回绕，灵气神韵的山水画、众多栩栩如生的历史人物、诗化的道白歌唱、舞蹈性的动作，以及节奏鲜明严整的音乐锣鼓、考究的服装道具，结合史实，加以巧妙的铺排、组合，运用摄影技术和蒙太奇技巧，在银幕上重现古代宫廷政治生活——一个金碧辉煌的中国古代封建王朝皇宫世界，在那皇宫里，皇帝、诸侯臣相、皇妃、宫女，是一个封建社会上层的网络，在华美瑰丽的封建等级制度底下，皇族、奸臣丞相此起彼伏的政治斗争、倾轧，接二连三的悲剧，勾勒出封建帝国的兴衰史，在华丽场面中，充斥着一股哀伤、迷乱的气氛。

1964年在台湾导演的《西施》，叙述春秋时期越国国王勾践十年卧薪尝胆的精神。海边高峻数百阶梯的禹王庙、黄池大会，诸侯齐饮牛血结盟，西施受命以美色迷惑夫差，夫差为她修建炫目华丽轩敞的馆娃宫，宫雕栏玉柱，纱帐屏风，婢女阵列。在乐履楼上，西施随瓷铃、弦乐，婀娜起舞。西施在浣纱，构图诗情画意，粗犷和优雅呈鲜明对比。人物造型和布景的设置，光影色彩的虚实调配，有一种中国画的画意神韵，非但桌椅几盘样样顾到，即使天上的云彩、水畔的垂柳，也无不刻意求精，蓄意拍摄得雄浑娟秀两者兼具。西施用计让夫差赐死名将伍子胥，越王勾践率兵反攻雪耻，夫差兵败，在雷电交加、风吹雨打的馆娃宫，西施内心极度痛苦和挣扎。剧情周转迂回，高潮迭起，节奏、运镜温婉和缓，画面纵深层次有致，适当的推轨或横摇镜头，视觉上予人一种绵密伸展感。又如《倾国倾城》片首晓色迷蒙中，群臣鱼贯入紫禁城早朝及西太后梳妆早膳两段，场面调度精彩绝伦。

李翰祥是港台擅用镜头语言的大师之一。[1]镜头美学在历史故事片中发挥得淋漓尽致。他的摄影机运动和他的视觉世界（包括布景及人物）合为一体。所拍的一些全景镜头，常用45°角的俯摄，展示出景物横竖两方面的空间。或者用移动的跟镜头，透过花叶树石，或是雕栏珠帘，平稳地跟着轻移莲步的仕女滑动，掩映之间，创造出一种明丽流畅的动感，人物动作和背景都被安置在妥切的位置，而后镜头停在精心设计过的画面

---

[1]焦雄屏：《改变历史的五年》，万象图书股份有限公司1993年版，第96页。

上①，表达某一种意念，给人一种画面协调的美感。而且，安排层次复杂的栏杆、屏风、回廊、假山、楼阁、花叶扶疏，横移宫女婢侍，不断地改变景深，赋予画面复杂的空间分隔及纵深。导演除擅长用推轨来改变空间构图外，还用升降镜头，一些大场面的开首，用升降镜头拉至远处纵深的大远景，予人一种雄厚辽阔气势之感。这种华丽复杂的镜头运动，使导演较戏剧性的电影能跟其内景、外景结合成一个瑰丽的视觉世界，观众往往目不暇接，不会陷于单调冗长的情绪中。导演高度集中的场景转换，戏剧氛围的渲染，造型与叙事互补，镜头组接、转换，保持剧情的连续性。如《西施》中夫差被越国装神弄鬼的哭号吓得心惊胆战，东跌西撞，西施的仓皇自责，响屣楼上风吹诸多乐器震人心弦，闪电霹雳，交织成一个江山败亡的崩溃图像。但是，李翰祥太沉迷于布景，以致他苦心经营下镜头的气氛有时不免散失。他最喜欢推、拉、滑等技法，有时用得不当，缺乏沉稳的气韵。

　　李翰祥的通俗演义历史故事片，搜集清宫掌故集锦片，吸取地方民俗精华，建立了独树一帜中国历史演义故事片和传统民俗喜剧片结合的风格。李翰祥在1977年至1982年拍了4部"乾隆"系列电影：《乾隆下江南》《乾隆下扬州》《乾隆皇与三姑娘》《乾隆皇君臣斗智》，多为清宫君臣斗智、隐私秘事、钩心斗角、尔虞我诈的诙谐故事，巧妙地掺入平民的人生观和正义感。如果说"他的宫闱片客观地铺叙了一段史诗，并不把作者个人的浪漫精神加入作品之中"，而这类通俗演义电影则"呈现一个中国封建社会形态，与他的史剧电影所渲染的那一份伤感迥然不同，却满布着拙朴、亲切的写实意味……反映了一个君权时代的精神面貌"，"借了貌似嬉笑怒骂的民间故事，却非常正面地提出个人对封建社会的批判"。⑥

　　李翰祥这类演义故事片，以历史为背景诸如"戏说乾隆"之类开历史玩笑的作品，它所讲的皇帝故事，和千百年来民间文化传统中的皇帝形象基本是一致的，是一个世俗化了的皇帝，既能满足观众对宫廷生活的窥视欲，又不因为皇帝的高高在上让观众感到压抑，为当代人提供了一个辽阔

①但汉章：《等待大师》，《幼狮文艺》总第218期。
②王墨林：《李翰祥的历史意识》，第22页。

的幻想时空，观众也乐于悠闲地看古代帝王厮杀争斗，逃避现代生活的紧张节奏，获得一种心理愉悦。为增强这类演义故事片的趣味性、观赏性，李翰祥发挥艺术想象力和创作力，尤其那种京派文化，及严肃中透着几许幽默，故事曲折有趣，诡异莫测，传奇人物设计不受历史局限，编织人情的生活细节，与李翰祥严肃的史剧所渲染的那一份豪华排场、人情世故的凝重迥然不同。历史被处理得假假真真，零零碎碎，以此来凸显叙述的游戏策略，带着游戏人间特色，用现代的话语诠释古人，导演沿用传统戏剧技法，习惯用饶有生趣的对白，或以章回演义、说书方法推展剧情；或运用相声诙谐的方言及变化的声韵，也写小人物的艰难困苦，却又嘻嘻哈哈，鬼精鬼灵，自得其乐，自我放逐，表现出角色率直、可爱的形象。镜头上人物对话都以近景，其余如背景用摇摄带过。在这类电影中，导演善于刻画小市民的生活和乡土民俗，天桥杂耍，或茶馆跑堂，街头测字先生，剃头师傅，多是"乾隆"系列片里津津乐于表现的人物。李翰祥在北京生活过一段时间，对北平天桥景观的熟悉，都在他的电影中留下印记，近乎是越来越遥远的中国风情画，表现剧中此时此地人物的社会生活质感，导演思想感情相当平民化，对封建思想和国民性格进行批评，让现代观众对中国文化中的风趣多了一些感性的认识。

李翰祥的历史故事片，正如台湾影评家焦雄屏所说的："展现了李翰祥电影美学的精华；具诗情的古装剧风格，流畅而张力不时迸现的叙事，收放自如的演员表演，巴洛克式的推轨运镜，如中国画式的构图。另外，它也沾染民俗文学那种调皮佻达，令人不时莞尔一笑。"①

三、戏曲传统

香港在20世纪50年代放映了内地的地方戏曲片《天仙配》《碧玉簪》《梁祝》，风靡一时，尤其黄梅调戏曲片《天仙配》特受欢迎。1958年，邵氏公司让李翰祥导演香港第一部彩色黄梅调戏曲电影《貂蝉》，用主演过《边城》里的翠翠、四度获亚洲影展影后的林黛饰貂蝉，高大英俊的皇帝小生赵雷饰吕布，创下极高的票房纪录，李翰祥与男女主角赵雷、林

①焦雄屏：《改变历史的五年》，第163页。

黛，从此成了大型宫闱片和黄梅调电影的注册商标，它为邵氏公司收回巨大投资，还使港台的华语片在亚洲影展上争得第一个最佳影片奖。邵氏公司名利双收，更重要的是奠定了日后邵氏公司对李翰祥制作巨片的投资信心，可谓李翰祥导演生涯中一个里程碑，也使香港电影迈向一个新的境界。接着又拍第二部黄梅调戏曲片《江山美人》，再度获得亚洲影展最佳影片奖。1959年又导演《王昭君》等同类电影，利用拍黄梅调戏曲片在邵氏公司大盖堂皇的内搭景，开始建立李翰祥的宫闱片和戏曲片的历史地位，也带动了港台黄梅调戏曲电影长达20年的风潮。李翰祥导演的黄梅调电影有《貂蝉》《江山美人》《王昭君》《杨贵妃》《梁山伯与祝英台》《七仙女》《状元及第》《金玉良缘红楼梦》等8部。1963年李翰祥导演的《梁山伯与祝英台》，场面设计精巧、情调典雅、曲调优美，把握住悲剧效果，台湾观众疯迷，在四五年里，台湾十大卖座华语片中总有五至八部是黄梅调影片。李翰祥到台湾组建国联公司，为与邵氏公司斗法，拍由《天仙配》改编的《七仙女》，改自《碧玉簪》的《状元及第》，在1964年成为台湾华语片卖座冠军。

　　李翰祥所导演的黄梅调歌唱片，移植和改编自大陆的黄梅戏、越剧等地方戏曲或京剧的传统剧目，如《江山美人》取材自京剧《游龙戏凤》和《骊珠梦》的通俗演义；《梁山伯与祝英台》改编自桑弧同名越剧戏曲片；《七仙女》由徽剧《天仙配》原词曲调润色而成，除采大陆黄梅戏的传统曲调，又吸收其他地方戏曲的曲调。如《梁祝》由在大陆上海音专主修过声乐的台港音乐家周蓝萍作曲，周氏50年代在台湾中广公司任职，其作曲风格气势雄浑，通俗高雅，首用西乐与国乐混合作曲，颇有中西合璧的韵味，后在邵氏公司从事音乐创作。在《梁祝》里周蓝萍以黄梅调为主，参考了昆曲、绍兴剧、京剧及民谣艺术歌曲等多种音乐，具多元性和包容性，加上有浓厚的感情色彩和民谣风格，发挥大资本、豪华堂皇的片场内景长处和明星制度的吸引力，使之能获得普遍的接受。[1]在邵氏公司导戏期间所拍的《貂蝉》《江山美人》《梁祝》都是在片场里搭实景，殿堂、亭台楼阁和美工设计、背景渲染泼墨的国画手法，鲜艳华丽的服饰

---

①刘现成：《台湾电影发展史上的绝响——谈〈梁山伯与祝英台〉的社会意义》，《电影欣赏》1984年9/10月，总第71期，第72页。

都经过严格的考证。《七仙女》里云天背景，干冰蒸腾，仙女挥舞拂尘，造成仙女排云冉冉下降，飘逸如仙的神韵。运镜皆流畅自如，如《金玉良缘红楼梦》，宝玉结婚那场戏，他拉着宝钗走进洞房一个"滑镜"，达一分多钟的长镜头，适时托现出贾府深宅巨院的宏伟感，不管是在内搭景的魄力还是镜头运动的意义上，都表现了李翰祥在拍古装戏这方面惊人的才华。这些戏曲片多由红极一时的如李丽华、林黛、林青霞、张艾嘉、赵雷等男女明星，或具有潜力的演员主演，像《江山美人》林黛的风情仪态颇富魅力。《梁祝》中乐蒂饰祝英台，凌波反串梁山伯，她们俊俏的扮相，配以精湛的演技，颇成功地诠释了凄婉悲绝的故事。

五六十年代台湾的社会环境是封闭的，家庭为社会的根基，强调父权，聚居，家族观念十分强烈，宿命的人生观，以及勤俭劳苦的工作态度；在重视功名，尊敬官员，努力发财，拥护政治地位和工作行动上，相当一致……形成一种以亲属关系为社会网络，以富贵贫贱区分社会阶层，以四维八德为中心价值的体系社会。黄梅戏曲深含人情义理，可以抒发人民受政治和社会压抑的郁结，替代地投射对官僚、父权社会压迫的反抗欲望。《梁祝》反抗父权体制下的封建包办压迫婚姻，反抗封建旧社会束缚的主题，超脱礼法、孝道、传统，颇符合受政治压制及家庭封建意识束缚，欲求精神解脱观众的心理诉求。加上主演凌波在战乱中与亲生父母离散的身世，以及黄梅戏哀怨的乡音乡调，深深地勾起数百万计大陆迁台移民有家归不得的乡愁与怀旧的情绪，对那些从大陆到台湾的人士来说，《梁祝》成为这种情绪的宣泄和补偿。《七仙女》对玉皇大帝代表封建最高权力的男性主义批判，带有浪漫主义的情感。《状元及第》以喜剧的手法表现女性所受的委屈，对父权进行批判及鞭挞。观众（包括女观众）在观影过程中，将现实中被压抑的情绪，在替喻性的古代戏曲社会中得到圆满的宣泄。

四、写实风格

李翰祥生长在民族灾难深重的旧中国，经历过日本帝国主义侵华以及抗战胜利后国统区从沦陷、惨胜到"劫收"的社会实态，目睹国统区的阴暗腐败、人民所遭受的苦难，以及到香港有过三餐不继的日子，在街头作画糊口，感受到香港下层民众生活的艰难，深藏对故国文化的眷恋和中国情结。李翰祥青年时代参加过进步的学生运动，观看过不少三四十年代正视现实的左翼电影，像沈浮的《万家灯火》采用严格的现实主义方法，冷峻真切地描写国统区极不安全的社会状况下的生活悲哀、苦难和挣扎，以及蓝马、石挥、白杨的杰出演绎，都给李翰祥留下深刻的印象。[①]李翰祥在邵氏公司和国联公司所拍的电影注重艺术性、商业性，亦矢志于电影艺术的探索，非常注重个性化和电影艺术本身的纪实特性，实践激进的抱负与乌托邦式的构想。

50年代李翰祥在香港导演的《马路小天使》（香港名《鸟夜啼》），从平民视角，客观地描绘了1949年前后自内地逃到香港的小市民的艰苦生活、挣扎和奋斗的精神及手足之情。木造危屋、打石子、糊盒子、替人洗衣服、女孩卖春当舞女……是当时下层的内地移民在香港的乱世浮生的处境。《后门》（徐讦原著），由胡蝶饰一个中年妇女，把中国传统妇女无法生育，抱养了别人孩子，而后担心失去孩子的矛盾、惶惑不安的心理刻画得细腻感人，节奏起伏，耐人寻味。《一毛钱》叙述循规蹈矩的医科实习生与一个出淤泥而不染的舞女相恋的故事。写香港新旧时代交替过程，传统观念、阻力如影随形，造成青年一代的悲剧。

1968年李翰祥导演的《冬暖》，改编自女作家罗兰的同名短篇小说，是台湾60年代最出色的含蓄而浪漫的爱情故事电影之一。描写"老吴稀饭馒头"小食店老板老吴，来自大陆，忠厚憨直。他暗恋隔邻药店女帮佣阿金，老吴因"钱没钱财，人没人才"的自卑，不敢表露真情。最后老吴和阿金冲破一切心理的障碍，共享冬暖，相依为命。《冬暖》触及大陆移民（尤其是随国民党政府到台湾的士兵）漂泊，外省人与本省人通婚，消融省籍歧视。触及低下阶层民众的失落，在崛起的资本主义社会中求生存的艰难，也道尽生活低层人之间的真情，表现了大陆移民落地生根的抉择。《冬暖》张扬纪实风格，在人与环境一体化的社会世界中，用细节的展

---

①刘成汉：《与李翰祥的对话》，《大大月报》（香港）1975年9月。

示，取代戏剧化情节的描述，用摄影机的眼睛观照现实世界。人物也是张三李四，不具姓名，平实而不时用句成语的对白方式，非话剧的演员，小老百姓的生活哲学，都贴近现实主义。在视觉上，为求呈现生动逼真的纪实风格画面，在美术设计和搭景中，搜集台北市各处陋街及违建图样，在三峡搭建的外景将台湾小镇风情捕捉得十分传神。复制了脏乱的小街，贫民住宅、杂货铺，再现了破旧风味，一群卖馒头的、炸油条的、鱼贩、卖甘蔗水的、摆地摊卖估衣的、演布袋戏的、玩蛇卖草药的小商贩，行人、顾客、小百姓在街道上穿梭。夜晚架上一盏盏灯泡大喊大叫卖成堆香蕉的等，大蒜串、蒸笼的烟雾，以及木梯、梁柱等富有民间色彩的东西，反映小人物真实的生活。偷拍镜头，游客群众演员，较为松散化的场景。造型与叙事的一致、互补性，及近似纪录片的手法。长镜头和硬切剪辑法，较少复杂的剪辑，使用轨道推立外，大部分是静止的中远镜头，偶尔有一两个俯视镜头，和全片的风格及小人物的内心世界配合得恰到好处。

五、历史贡献

邵氏公司是在中国电影史上历史最为悠久的民营电影企业。自50年代以来，靠邵逸夫的胆识、策略、专业精神，以及邵氏公司庞大的电影编、导、演、艺术、技术创作群，建立作为电影发展必备的产销、制作发行的整个网络，在香港建立东方好莱坞电影王国。邵氏影城，摄影棚多达11座，外搭置景有15个，配音间、冲印厂等配套设施一应俱全，员工多达1200人，规模之大，为亚洲之冠。1958年开始，李翰祥得邵逸夫支持，进行突破性的改革，相继用大资金、大场面拍《貂蝉》等多部古装黄梅调戏曲片，充分利用场景拍室内壮观的大片场为基础的宫闱片，奠定了邵氏公司和李翰祥在香港拍大型古装片的地位。李翰祥在邵氏公司拍了49部类型多样、题材迥异的电影，为邵氏公司获得巨额利润，也为香港电影增添斑斓色彩。他所拍诸如古装历史片、戏曲片、喜剧片、风月片在香港一时风头无两，在邵氏公司所导演的多部电影屡次在亚洲影展得奖，以及商业性、娱乐性的电影在东南包括中国香港、中国台湾、美加等地卖座，扩大了邵氏公司电影在华裔地区的声誉和市场，获得高额利润。更为重要的是通过李翰祥的电影在世界华人地区广泛放映，传播了中国悠久的历史和文化，对华人潜藏的中华优秀传统文化的认同、归属感的强化发挥了作用。所以李翰祥无论对邵氏公司还是对香港而言，对中国电影文化的传承，都起了举足轻重的历史作用。

对台湾电影业的贡献在制片界，推动了华语片制作水平的提高、品质的提升，培养和造就了一代电影艺术家和一批技术人才，带动了台湾电影的发展，尤其民营电影事业的发展，并形成多类型和多种风格的电影美学。

李翰祥在台湾成立国联电影公司，将邵氏公司的大片场多层装配系统制片概念引进台湾，引进香港技术及表演专业人才，推动明星及宣传概念。李翰祥的国联公司集合了上百人的编、导、演、幕后技术的创作群体——专门出品艺术精品的电影艺术家强力集团，李翰祥给导演以较大的创作自由度，各个导演的影片体现了导演者的个人风格。国联8年期间拍的电影共有23部，包括戏曲片、文艺片、历史片、谍报片、武侠片、神怪片、言情片。其中改编自琼瑶小说的电影多达8部，多位导演的作品富文学性、实验性，如宋存寿的《破晓时分》长镜头美学，场景转换精致凝练。一些杰出的剧作家、小说家也陆续改编或直接创作了高品位的剧作。李翰祥主持的国联公司，为追求电影艺术的完美品质，即便借高利贷也要实现导演的创意。

国联公司造成台湾华语片影坛的兴盛，刺激了官营民营制片厂，倡领开拓海外市场行销的观念。台湾"中影"虽带官方色彩，在龚弘任总经理时期，于1963年提出健康写实主义路线，后改综艺路线，集合李行、白景瑞、李嘉等电影创作群体，拍了一系列乡土写实片、喜剧片、琼瑶片、励志片、历史片，与李翰祥主持下的国联公司，以及以沙荣峰为首、胡金铨导演为代表的台湾联邦公司，黄卓汉为首的统一公司的电影导演制作群作品，互相映照，百花齐放，丰富了60年代台湾的电影。

国联公司和"中影"成为台湾彩色电影的两大支柱，增加了台湾彩色电影的生产。台湾60年代初期的电影多数是黑白的，"中影"开拍几部彩色片，自李翰祥的《梁祝》风靡台湾，国联公司都拍彩色片，多数影片卖座，电影商业竞争促进了台湾电影的彩色化。部分片商将在香港的投资转到台湾制片上，民间公司纷纷成立，台湾的民营电影制片和台湾公营制片双轨并行发展，一改邵氏公司成立托拉斯公司垄断台港电影的初衷，避免了台湾电影过于商业化，台湾商业电影和艺术电影并行，带动了台湾电影较全面的发展。李翰祥在台湾兴建制片厂，刺激官营、民营制片厂提高电影的水准和品质，自《梁祝》风靡台湾，使台湾华语片院线由1条变3条，到1965年增至6条，放映华语片的戏院占台北市戏院的80%，并且倡领开拓海外市场行销的观念，扩大了台湾电影市场。李翰祥在台湾组建国联公司之后十几年时间里，是台湾电影的全盛期。

李翰祥在台湾的发展其深层的意义在于：与土生土长或自大陆迁台的电影艺术家，奠定了台湾电影传统，其中包括戏剧电影传统、现实主义电影传统，在台湾掀起第一波新电影浪潮。

如果说三四十年代的中国电影重于民族主义、求生的张扬，那么60年代台湾电影导演电影艺术对现代现实生活和历史题材，较重于客观的观照和人性的刻画、人物情感世界的丰富复杂性。尤其60、70年代大陆"文革"，践踏中国优秀电影传统，对中国文化采虚无主义，许多导演惨遭迫害，优秀电影和戏剧等艺术摧毁殆尽。在这非常时期，包括李翰祥在内的一批台港导演，作为中华儿女，却能尊重中国传统文化，传承中国戏曲电影、现实主义等美学，并把它发扬光大，片种类型空前，出品最多。他们不至于让中国电影史的这一重要时代，留下空白。

附：

李翰祥电影创作年表[1]

1954年《嫦娥》（与姜南合导）

1956年《雪里红》《水仙》

1957年《马路小天使》《黄花闺女》《窈窕淑女》《移花接木》《春光无限好》

---

[1]资料来源：香港《电影双周刊》1994年总第405期、1996年第462期。梁良：《"中华民国"电影影片上映总目（1949—1982年）》，台湾电影图书馆出版部1984年9月。

1958年《丹凤街》《安琪儿》《全家福》《杀人的情书》《给我一个吻》《妙手回春》《貂蝉》

1959年《江山美人》《儿女英雄传》

1960年《后门》《倩女幽魂》

1961年《手枪》（与高立合导）

1962年《杨贵妃》《王昭君》

1963年《武则天》、《一毛钱》、《凤还巢》（与高立合导）、《杨乃武与小白菜》（与何梦华合导）、《梁山伯与祝英台》、《七仙女》

1964年《状元及第》

1965年《西施》、《勾践复国》（《西施》下集）

1968年《鬼狐外传》（《八十七神仙壁》）

1969年《冬暖》、《一寸山河一寸血》（《杨子江风云》）

1970年《喜怒哀乐》的《乐》

1971年《缇萦》《只羡鸳鸯不羡仙》《骗术奇谈》

1972年《骗术大观》《大军阀》《风月奇谈》

1973年《牛鬼蛇神》（合导）、《骗术奇中奇》、《北地胭脂》、《风流韵事》、《一乐也》

1974年《金瓶双艳》、《丑闻》、《声色犬马》、《富贵花开》（《四季花开》）

1975年《港澳传奇》《倾国倾城》《捉奸趣事》

1976年《瀛台泣血》、《洞房艳史》、《拈花惹草》、《骗财骗色》（《妙不可言》）

1977年《风花雪月》《乾隆下江南》《金玉良缘红楼梦》《佛跳墙》

1978年《子曰：食色性也》《乾隆下扬州》《军阀趣史》

1979年《鬼叫春》（《津津有味》）、《销魂玉》

1980年《乾隆皇与三姑娘》

1981年《徐老虎与白寡妇》

1982年《武松》《三十年细说从头》《乾隆皇君臣斗智》

1983年《火烧圆明园》《垂帘听政》《皇帝保重》

1986年《火龙》

1988年《八旗子弟》

1989年《西太后》（二、三）

1991年《金瓶风月》《敦煌夜谈》

1994年《少女潘金莲》《情人的眼泪》

1996年《火烧阿房宫》（电视连续剧，兼编剧）

＊括弧内为台湾片名。

＊在国联公司李翰祥监制总导演与挂名的影片有23部。

李翰祥电影获奖记录[①]

《貂蝉》1958年第5届亚洲影展最佳导演奖、最佳编剧奖（高立）、最佳女主角奖（林黛）、最佳剪辑奖（姜兴隆）、最佳音乐奖（王纯）。

《江山美人》1959年第6届亚洲影展最佳影片奖。

《倩女幽魂》1959年戛纳国际影展参赛，为中国首部参加此国际影展的中国电影。

《后门》1960年第7届亚洲影展最佳影片奖。

《杨贵妃》1962年第1届金马奖优等剧情片奖、最佳剪辑奖（姜兴隆）、最佳录音奖（邝护）。

《武则天》1963年戛纳影展室内最佳彩色摄影奖、1963年第2届金马奖最佳剧情片奖。

《梁山伯与祝英台》1963年第7届旧金山国际影展优秀奖；第10届亚洲影展最佳彩色摄影奖（可连祥）、最佳音乐奖（周蓝萍）、最佳录音奖（王杨华）、最佳美术设计奖（陈志仁）；第2届金马奖最佳剧情片奖、最佳导演奖、最佳女主角奖（乐蒂）、最佳音乐奖（周蓝萍）、最佳剪辑奖（姜兴隆）、最佳演员特别奖（凌波）。

《状元及第》1965年第3届金马奖最佳彩色美术设计奖（曹年龙）。

---

①资料来源：汇集自1982年至1995年《台湾电影年鉴》、台湾金马奖30年专刊。

《西施》1965年第4届金马奖最佳影片奖、最佳导演奖、最佳男主角奖（赵雷）、最佳彩色摄影奖（王剑寒）、最佳彩色美术设计奖（顾颜）。

《扬子江风云》1969年第7届金马奖优等剧情片奖、最佳男主角奖（杨群）、最佳女主角奖（李丽华）、最佳男配角奖（孙越）。

《缇萦》1971年第9届金马奖最佳剧情片奖、最佳编剧奖（李翰祥）、最佳男主角奖（王引）、最佳彩色摄影奖（范金玉）、最佳美术设计奖（梁延兴）、最佳音乐奖（非歌剧，夏祖辉）。

《大军阀》1973年第19届亚洲影展最佳幽默滑稽片奖。

《倾国倾城》1975年第12届金马奖优等剧情片奖、最佳女主角奖（卢燕）、最佳彩色美术设计（陈景森）。

《乾隆下江南》1977年第14届金马奖最佳剧情片奖、最佳彩色美术设计奖（陈景森）。

《金玉良缘红楼梦》1978年第15届金马奖最佳美术设计（陈景森）。

《乾隆下扬州》1979年第16届金马奖最佳改编剧本奖（李翰祥）。

《武松》1982年第19届金马奖最佳女主角奖（汪萍）、最佳男配角奖（谷峰）。

《火烧圆明园》1983年中华人民共和国文化部优秀影片奖。

《垂帘听政》1983年中华人民共和国文化部优秀影片奖、第3届香港金像奖最佳男主角奖（梁家辉）、最佳美术指导奖（宋洪荣）。

原载《电影艺术》1997年第4期，第41—48页

林福地导演艺术

▲ 1995年12月7日，应台湾电影导演协会理事长林福地、金马奖执委会的邀请，陈飞宝参加福建电影代表团，赴台参加"台北金马奖"颁奖典礼时，拜访台湾电影导演协会理事长林福地导演，在其书房合影

一、林福地导演电视剧的人伦理想和艺术风格

数年前，林福地导演的《星星知我心》，在中央电视台和地方电视台播放，每晚有千家万户阖家围坐在电视机旁观看，剧中一个身患绝症的母亲安排五个遗孤的爱心，给大陆观众留下令人难忘的印象。

林福地的艺术创作分为两个阶段：50年代至70年代后期，从事电影导演；70年代后期至今主要致力于电视剧的导演和制作，偶尔也拍几部电影。其电视剧成就最高，影响也大。

林福地生于1934年8月21日，台湾嘉义人，1952年在台南师范学校艺术科毕业，分配到南投县水里中学任美术教师。因兴趣的关系，转到电影界，从基层做起，担任过化妆师、布景师、剧照师、摄影师、副导演。曾卖掉房子当电影公司的老板，拍了一部改编自日本小说的台湾闽南语电影，血本无归。于是他悄然到台北县滨海顶双乡，当一家小戏院的经理，利用工作之便悉心研究电影摄法、编剧技巧。不久，又回台北市，在

《公论报》广告组任编辑股长等职。他的同好高仁河成立中兴电影公司拍台湾闽南语电影，邀他先跟台湾闽南语电影名家邵罗辉写剧本，第一次作为副导演参与《李世民游地府》，同年吴文超导演的《二度梅》（上、下集），由他和陈文敏编剧。他独立执导的第一部台湾闽南语电影是《十二星相》。此后执导电影电视不辍，至今执导的台湾闽南语电影有《思相枝》《黄昏的故乡》等70多部。根据广为流传的民间故事或新闻编导，或改编日本的小说、电影，多是市井生活，讲闽南语，即便主题曲、插曲也是台湾流行的歌仔戏曲子，或易唱的民间小调，尤其故事中多讲些台湾妇女辛酸的故事，民间的一些疾苦，对爱情、幸福生活的追求，他用台湾闽南语电影这个艺术形式，倾吐民众郁积的心声，形成了自己草根性的电影风格。

60年代中期，台湾华语片进入黄金时代，林福地导演首部华语片《海誓山盟》之后，替李翰祥的国联公司导演了根据无名氏小说改编的《塔里的女人》、琼瑶小说《回旋》改编的《远山含笑》、杨念慈小说改编的《黑牛与白蛇》，替建华公司导演由琼瑶小说《女萝草》改编的同名电影，还导演过武侠片《过关》《剑中之王》等影片。林福地曾被香港的国泰电影公司聘为导演，导演过战争片《雪路血路》和文艺片《我爱莎莎》。还为其他电影公司导演过多部功夫片和喜剧片、文艺片，到1990年林福地导演的华语片共28部。与台湾闽南语电影合计有近百部，具驾驭多种类型片的能力。

1977年，"台视"的电视剧被"华视"压得抬不起头来，找救兵林福地来拍连续剧，结果他导演一部《侠影香踪》，把其他两台压下去，可是当时林福地对电视剧很排斥，又回去拍电影，"台视"不放，又找他拍《盲女神童》《旧情绵绵》。1980年，台湾天主教办的光启社邀他去当戏剧指导，导演闽南语和华语电视连续剧，计有《人之切》《阿梅的故乡》等。1981年之后导演《青春悲喜曲》《丹心照汗青》《小巡按》《江山万里情》《巴黎机场》《不要说再见》《又见阿郎》《天地良心》《汉江风情》《星星知我心》《星星的故乡》《苦心莲》《阿郎与彬彬》。

1985年自组天寅公司制作导演教育三部曲：《我心深处》（1986）、《勇者的奋斗》（1987）、《万世师表》（1988）。1988年，离开服务多年的"台视"，给"华视"等公司制作电视连续剧：《望您早归》《一江春水向东流》《养子不教谁之过》；1992年又给老东家"台视"制作《草地状元》，给"华视"制导《厦门新娘》；1993年给"中视"制导《人间天堂》。据不完全统计，林福地自70年代后期至1995年，15年间共导演制作电视连续剧30部，1100余集，是台湾少有的多产电视剧，并保有素质的导演、制作人。林福地电视剧心理特色在于：

首先，纪实与戏剧相结合。运用电视剧反映台湾现实社会生活，民众的喜怒哀乐及心理诉求，遵循中国传统优良伦理道德，提倡净化社会，建立美好人生。

林福地热爱生于斯长于斯的人民，洞悉台湾人民的美好心灵和美德，感触台湾社会生活的脉动。他所拍的电视剧题材在生活中有迹可循，他善于把丰富多彩的现实生活素材加以典型化，人物有血有肉，有真实的感情色彩，保持草根性、乡土性。所以令人可信，并受艺术感染，能得到某种启示、借鉴，陶冶人们心灵。像《又见阿郎》讲亲情友情的感化，如何使浪子回头。《星星知我心》讲一个夫妻恩爱子女听话的幸福家庭，突然丈夫车祸去世，妻子古秋霞又患胃癌绝症，在生命不长的时间里，秋霞安排5个子女到不同生活背景、家世的养父母的家庭，使得自己离开人世后孩子们能得到养父母的爱护，生活有所依靠，并能受到良好的教育。讴歌母爱、亲情还有人情。其续集《星星的故乡》，叙述秋霞过世15年之后，5个孩子都长大成人，他们在母亲的精神感召下，经过人生的历练，正确对待爱情、婚姻、事业。

《一江春水向东流》讲一对情人晓君和阿海，无端被父母和世传使诡计拆散，阿海成为富翁，晓君嫁给世传亦不幸福，阿海以德报怨，反而蒙受不白之冤。

1989年，林福地首次为"华视"制导《望君早归》，叙述日本殖民统治台湾时期，4个年轻男女的感情苦难，是一部充满乡土色彩、清新的闽南语连续剧。《养子不教谁之过》是林福地作品中第一次在"华视"8点档频道播出的华语连续剧，属于挽救失足青少年的伦理亲情题材连续剧，讲一个兄长，帮在酒廊卖唱的妹妹永秀、当小偷的弟弟永正改邪归正。对改嫁的生母心怡，由怨恨转为接纳，靠自己双手劳动所得照顾弟妹的生活，强调父母的过错会给后代带来惨重的代价。

1992年之后，是林福地导演的电视艺术创作巅峰时期，其作品视野内蕴和艺术表现手法比以前更臻成熟。1992年给"华视"制作导演的40集连续剧《草地状元》和为"中视"制播的《厦门新娘》，都是改编自台湾当代作家汪笨湖的同名小说，在同时段电视剧中收视率领先。《草地状元》以当代台湾农村为背景，叙述农村中一个市井人家萧猪哥靠养公猪给别人母猪交配为业，长子萧财宝到外国留学获博士学位荣归，还娶了企业家庄世海唯一的女儿秀娟，可算农村里的状元，光耀了萧家的门楣。秀娟协助父亲管理企业，举债倒债，财宝与旧情人爱情复燃，夫妻离婚，秀娟又嫁给她不真正爱的有钱人。萧家老二财发有丰富的养猪经验，带妻子赴中东国家传授农业技术，反倒受人尊敬，在剧中细致刻画台湾农村世态演变，带来人伦的变化，怀念农村中过往或如今依稀存在的纯朴的伦理亲情。

《厦门新娘》（40集）通过海峡两岸两代人的爱情婚姻波折，触及两岸人民的同根同源情结，表达两岸人民一家亲的共同愿景，艺术表现手法上有所突破。故事讲台湾嘉南一大户廖发达，有个痴呆儿子福气，娶惠安女郑丽萍当媳妇。而丽萍已与李军相恋，为了弟妹、年事已高的父亲不再受苦受累，不得已被安排偷跑到台湾，与福气成婚。在廖发达的渔业加工厂任职的哲志在厦门与丽萍的朋友沈红莲一见钟情。可是海峡隔开了两岸的情人，最后，丽萍怀了李军的儿子生下，留在台湾，而她被遣解回大陆。林福地在剧中讴歌了海峡两岸人民血浓于水的感情，任何力量都无法斩断台湾人民的中国情结，对早日实现祖国统一寄予厚望。从中我们不难看出，林福地作为一个人民的艺术家，他的视野，他的创作，不局限在台湾这块土地上，而是放眼整个中华民族美好的未来，所以他的艺术创作境界产生新的飞跃。

1993年，林福地为"台视"制导的《人间天堂》，别出心裁，塑造现代包公的形象，表达民间正临现代失序社会，对公理的诉求。林福地对采访他的《电视周刊》记者林娟好说过："最近相信很多人会觉得社会动荡不安，弥漫着一股特权文化，小老百姓有了委屈，即使在法理上站得住脚，但只要对方有特权，你就怎么也告不赢他。我觉得这种不公平的现象很多，不能再漠视。"林福地的《人间天堂》，通过一家名为"控诉"的杂志社，设计象征古代包公、展昭、王朝、马汉等谐音名字人物，如包文政、黎展照、马中瀚、王朝圣等人，包文政原任执法单位要职，已退休，任《控诉》杂志社社长，专门刊登社会上令人愤恨不平的事件，手下几位都具有强烈正义感，爱管闲事，爱打抱不平。通过系列故事情节，揭露台湾地区选举贿选，承包工程舞弊，黑社会、暗杀、绑架，以及民间许多怪异现象……

其次，善于塑造对应角色，以及有鲜明的个性、感情逼真丰富的艺术形象。像《星星知我心》中塑造出充满爱心又坚强不屈的伟大母亲形象古秋霞，其他几个童星形象也十分感人，长女秀秀生性善良，对人温顺，家庭遭到不幸，过早地承受了生活的磨难，在妈妈面前是个孝顺的女儿，在弟妹面前她如母亲一样可以信赖。在领养她的爷爷奶奶面前，她竭尽孝道。还有像沉默寡言又很固执的佩佩，爱漂亮又善解人意的弯弯，非常惹人爱又惹人怜的彬彬，壮实、大眼睛、活泼的冬冬，几位生活背景不同的领养父母，都是台湾社会中实实在在、平凡而又有人情味的好人，长相不同，家境迥异，又有浓厚的地方腔调，使观众感到非常亲切，无法忘情。

塑造成双成对性格鲜明的对比角色，人物之间彼此映衬，个性突出，相互渲染，互为铺垫，产生一系列喜感，矛盾强烈，增强戏剧的趣味性和观赏性，能吸引住观众。像《养子不教谁之过》里永钦和凯伦个性品德相反，永钦勤奋、充满爱心，对弟妹百般照顾，忍辱迁让，顾全大局，勇于牺牲自我；而凯伦自私、懒散、花花公子习气，玩女人，使坏心眼，无情无义。永钦家庭父母离异，而凯伦虽母亲过世，但有宠爱他的父亲和继母心怡，两个不同家庭出身的这两个青年，性格迥异，给观众一个思索空间，青少年的问题，很大程度上父母要负主要的责任。

《厦门新娘》中的廖福气外表呆头呆脑，内里却满腹经纶，心地非常善良，花烛之夜不谙俗事逃离洞房，看生育指导书又不好说出书名，后来在丽萍的感召下去痴存真，急着要跟妻子亲热等情节，以及他戴宽边眼镜，结着领结，穿着吊带短裤，再拿个从不离手的雨伞，是个外傻内秀的可爱人物，内外不和谐形成许多喜剧性，加上老婆丽萍又非常漂亮美艳，一傻一美形成强烈的对照，增强了戏剧效果。另一个浪荡的林明堂，外表草根性的流里流气，与福气的纯朴的草根性不同，内心暗怀鬼胎，不务正业，能言善吹，拈花惹草，在厦门追红莲，老婆在后头，还标榜自己尚未婚娶，闹出不少笑话，而与善良温柔的妻子廖桂英形成鲜明的对比。《草地状元》里，财宝和财发虽然是同胞兄弟，但两人的性格以及两人的妻子的个性、处世哲学截然不同。财宝书卷气十足，靠岳父资助修完学业，在妻子面前气短，不敢大声说话。而秀娟是富家千金，又留学美国，总有几分傲气，以自我为中心，总以为用钱可以代替孝道，也讲究实际。财宝夫妻同床异梦，最后分手。而财发忠厚、忍让，有着农村里农民老实勤俭的优秀品质，为让哥哥出外念书，养家、持家重担一肩挑。他妻子春枝有着农村妇女安分、逆来顺受、委曲求全的性格。财发对春枝很体谅、接纳、恩爱，夫妻情深，虽然不受父亲重视，但生活踏实平顺。两对夫妻性格反差是生活在台湾城乡的人不同伦理观、价值观的抽样，反映了传统和现代的矛盾。

二、建立朴拙的艺术影像风格

林福地的镜头语言平实、质朴、流畅。他拍过许多电影，到导演电视时，多以中近景特写镜头为主，为了表现角色生活的现实社会空间，也擅于用全景，内外景结合呈现当代台湾社会生活的面貌，有一种现代生活的流动感和快节奏。他还能用电影的长处，比如用景深、广角镜的特殊效果拍电视。而且有其独特的尝试，比如，一般摄影拘泥于三面墙的剧场，林福地指导摄影，有时把摄影机放在后景，面对戏中角色的背影和观众，产生特殊的效果。他更注意到电视的家庭观众，和收看时的随意性，又要插播广告等客观因素，在编剧和镜头上不搞太深奥不可捉摸的镜语。剧情多是线性，结构较简单明了，每一集都有故事的起承转合，又注意观众长期以来形成的观影心理和习惯，善于在每一集结尾安排悬念，使得观众欲罢不能，都要看下去，知道主人翁的结果，而且结果也是出乎观众的意外，但又符合生活逻辑。《厦门新娘》里应用蒙太奇手法，跳接镜头，故事发生的场景，时而在台湾嘉义，时而在大陆厦门或惠安，在人物关系之间或心理活动上，能灵活地应用意识流的手法，靠闪回的短镜头，表现李军在厦门，或丽萍在台湾对对方的思念。还有哲志对红莲，红莲对哲志，分隔海峡两岸，他们下意识地回想在厦门郑成功石雕巨像边浅海滩里的相拥，也是靠闪回的镜头，拉近两者的距离，营造一个彼此有着呼应的格局。最后，又以丽萍被遣送回厦门，福气背着婴儿到惠安会见婴儿的妈妈，而哲志和红莲有情人终成眷属，给观众一种思索：海峡两岸政治历史和地理的原因，给两岸人民带来了情感的断裂，但随着时间的推移，台湾海峡的波涛将抚平在人民心灵上留下的伤痕。

　　林福地电视剧的构图讲究平实，接近生活现实和自然景观，不像琼瑶电视剧那样刻意雕琢。他的电视画面往往像一幅风俗画，有浓厚的生活气息，有亲切感。他也擅于用象征、隐喻的镜头表达一种意念。比如《厦门新娘》里哲志父亲过世留下遗言，要听从母亲的话娶明珠，这时在厦门鼓浪屿红莲居处，红莲弹着钢琴，忽然一波巨浪掩盖钢琴的叠印画面，既起转场作用，又暗示红莲和哲志的婚姻关系将面临新的考验。《星星知我心》片头是一个梳发髻的老奶奶，脚边有几只小鸡的水墨画，《厦门新娘》片头朝拜平潭湄洲妈祖浩浩荡荡的台湾渔船，每集电视剧播广告后插播福气拦腰抱住惠安女的漫画，都带隐喻性或喜感，颇新颖，吸引人观赏。此类例子不胜枚举。

　　林福地电视剧的成功还在于人物搭配，选角色，讲究和谐、得当，指导表演严格、准确，又能给演员即兴表演的创作空间。考虑电视的收视率和观众层面，林福地在选材时，就注意戏中角色男女老幼搭配统一、协调，演员造型、气质神采、表演与剧中的角色吻合或接近。安排著名演员担任主角，同时注意新老演员结合。比如由歌星吴静娴首次担任连续剧《星星知我心》的女主角和《星星的故乡》里的秀秀，吴静娴虽不太漂亮，但气质与角色相近，是歌星，在台湾已有相当高的知名度。由王杰和方文琳分别饰演《养子不教谁之过》中的永钦、家莹，他们俩都是台湾著名的歌星，深受青少年观众的爱戴，而且王杰在电视剧表演上比较擅长心理戏，也较深沉。《草地状元》里萧大陆饰财宝、席曼宁饰秀娟，他们都是电视界名演员，扮相也很斯文，而演萧猪哥的石英、饰财发的马如风，属台湾草根性的演员，主演过《妈妈再爱我一次》电影的杨贵媚饰春枝，演员整体搭配较强。而《人间天堂》演员阵容更强，由名闻海峡两岸的寇世勋饰黎展照，老演员魏甦扮包文政，在《厦门新娘》中饰哲志的鲁振顺在这部戏中饰王朝圣，曾在《雪山飞狐》里饰重要角色的香港名演员龚慈恩在这部戏中饰金明慧。龚慈恩曾在香港演20多部、400多小时的电视剧，与周润发合演过电影《大香港》，颇有表演魅力。还请刘德华为这部戏唱主题曲，发挥明星的效应，增强声势。

原载陈飞宝、张敦财：《台湾电视发展史》

海风出版社1994年版，第176—185页

谈挚友陈飞宝先生

井迎瑞[1]

▲ 厦门大学电影博物馆开辟陈飞宝书房展房前，陈飞宝（左）与井迎瑞教授合影

中国台港电影研究会会长张思涛曾经这样赞誉陈飞宝老师："您的叙述使我回顾起自80年代开始的海峡两岸中国电影的交流和合作，其中尤其令人难忘的是您四十年来不懈地在台湾电影研究上所做的开创性工作和取得的丰硕成果，这是当代电影史上的一段不可磨灭的历史，我见证了这段历史。"以上这段话是从陈飞宝老师分享张思涛会长给他来信中所截录，我作为来自台湾的同侪，也是台港电影研究社群的一员，我也见证了这段历史，张思涛的话也是我们共同的看法。

1992年7月，大陆首批学者赴台湾作学术交流，1992年7月18日香港《文汇报》以显著的版面披露了这个消息："海峡两岸电影学术交流第一步，大陆电影界三学者应邀访问台湾两周"，这三位学者分别是中国电影艺术研究中心副研究员蔡洪声、北京电影学院副教授黄式宪以及厦门大学台湾研究所的专家陈飞宝，这次海峡两岸电影学术界的首次接触是李行导演牵的线，由金马奖执委会、台湾影评人协会与台湾电影资料馆共同具名

① 井迎瑞，美国得州大学奥斯汀分校电影硕士、加州大学洛杉矶分校教育博士，曾任美国洛杉矶亚洲电视台节目部经理、洛杉矶世华电视台节目经理。台湾电影资料馆前馆长，台南艺术大学音像艺术学院教授、院长，现为厦门大学电影学院名誉博物馆馆长。

邀请，经过了一年多的努力终于如愿成行，迈出了两岸电影学术双向交流的第一步，而我是当时台湾电影资料馆馆长，所以我是当事人之一，我对当时的情景记忆犹新，对于那两周的活动历历在目。

三位学者除了拜会与参观行程之外，重头戏是我馆策划了一个"中国电影学术研讨会"，共分三个论坛，分别是由黄式宪主讲的"海峡两岸电影之比较与发展"，蔡洪声主讲的"大陆几代导演的成就和创作风格"，还有陈飞宝主讲的"对台湾电影的省思"，当时广受各方的关注，毕竟是初次接触，除了主协办的金马奖执委会、台湾影评人协会与台湾电影资料馆的会员之外，更来了许多学术界的老师与专业人士，大家除了交流一些信息增进相互之间了解之外，也碰撞出了一些火花，尤其是对于历史的观点与阐释上出现了一些分歧，例如当时对于费穆的评价两岸就显然不同，费穆在台湾当时被奉为世界级大导演，大陆当时的中国电影史中却独漏费穆。1992年7月7日的那场座谈会中，主持人李行导演就有感而发，呼吁海峡两岸暨香港整合力量共同为中国电影治史，以使中国电影早日拥有一个完整的面貌，这不啻是那次会议取得的成果，而那次会议开启了两岸电影学术双向交流。

我认识陈飞宝先生是那次会议的三年前，那是在1989年我接任电影资料馆馆长那年，我鉴于本地区过去深受西方影响，对自己的文化与历史失去了信心，在追求西方价值的过程中，对于本地区的历史文化资产破坏显得并不在意，我是本地区新电影的那个世代，我的同侪有的进入了电影圈开始拍摄大量写实主义的作品，有的在评论界开始从理论上探索描绘现实主义的电影美学，而我进入了电影资料馆的阵地，来整理本地区的电影历史，于是在不同的领域中各自努力，全面启动了"台湾新电影"的浪潮，也就是在1989年，我也全面开始了抢救本地区电影文化资产的行动，整理台湾闽南语电影、华语片，逐渐扬弃了电影资料馆过去的发展方针，从追求欧美电影美学的途径回归了本地区，当时在长期西化风气的影响之下有关本土的电影史料严重缺乏，几乎可用一穷二白来形容，当时的电影研究论文出版品都是研究欧美的电影历史，我带领电影资料馆扭转这个趋势，开始对本地区电影展开研究，当时非常辛苦，我才理解学界不是不研究，而是过去电影资料馆没有积累，没有做好电影拷贝、电影资料的收集，所以没有研究的基础，当时电影资料馆就痛定思痛，逐步地开始了本地区电影资料的收集，慢慢地建立了本地区电影研究的基础，当时我带领的电影资料馆研究团队所引用的、参考的基本材料与工具书，一个是本地区的黄仁老师的书籍，一个就是厦门大学台湾电影研究的学者陈飞宝老师的著作，他们二人都是常年努力不懈，下过苦功夫，大量收集整理本地区电影史料，黄仁老师所著的《悲情台语片》、陈飞宝老师所著的《台湾电影史话》都是我们基本的参考书，两本著作都提供了大量的史料，对我们当时所订定向本地区转向政策都有一定的助力。

1992年7月的"中国电影学术研讨会"，我终于第一次见到陈飞宝老师，我们一见如故，相谈甚欢，除了在电影资料馆几天的相处，我更是亲自陪同他们三人到高雄参加金马奖"高雄电影周"的活动，也拜会了高雄市政府新闻处，这次在台湾南北走动的经验，也为陈飞宝老师日后做"台湾当代传媒"（2007）、"当代台湾媒体产业"（2014）研究时，数度来台，每次从数周到数月不等，全台走动做调研的研究模式种下了种子。

在撰写《当代台湾媒体产业》这本著作时，我以台南艺术大学音像艺术学院的名义出面担任赞助与邀请，并且协助他拟定了一个详尽且细致的访问计划书送相关管理单位备查。在我记忆中大约有十个传媒机构与个人，后来离境时他告诉我访问了将近二十个传媒机构与个人，他的认真与努力的程度可见一斑。据我观察，他的成功因素来自他的态度谦和彬彬有礼，具有同理心，他曾经跟我说过他年少失怙身世坎坷，从贫困中出发，到今天成了一名著作等身的知名学者，全凭着不断的努力砥砺向前，贫苦的记忆都成了他积极上进的动力，所以面对不同背景的传媒机构与人士，他都能不亢不卑以平常心面对倾听他们的心声，不先入为主地采取立场，赢得了大家的敬重，这是他能够深且广地采访到异议人士的主要原因。

因为媒体被当成了一门生意，为了市场导向，显得比较自由。新闻也需要考虑市场，在陈飞宝老师做研究的那个年代，看到了因为竞争而显得比较自由。但是今天看来竞争与市场化的发展导致台湾媒体的面貌彻底庸俗化，腥膻色充斥着媒体与屏幕的版面，媒体再也不受各种伦理标准的约束，而让新闻彻底娱乐化，而媒体也罔顾自己社会的责任去制造假消息，媒体成为台湾社会的乱源，而没有公权力能够约束它们，这些可能都是陈飞宝老师当时还没看到的一面。他年逾八十而笔耕不辍，如果这部《当代台湾媒体产业》再版，我相信这部分可能会是他想要增补或是改写的，媒体不能完全进入市场化的运作，必须还要善尽媒体的社会责任，这是我们这一代知识分子最起码的良知。

2023年9月

论陈飞宝老师对台湾新闻媒体产业的研究

冯建三[①]

▲ 在厦门，陈飞宝（左）与冯建三教授合影

　　最早在台湾稳定流通的商业新闻纸，根据朱传誉教授的考察，可能是1884年在广州创办的《述报》。

　　当时，该报已在基隆、台北、台南与高雄设有（兼差）通讯员，并有相当多的台湾商务报道。至今，在"中国哲学书电子化计划"的在线图书馆，仍然可以自由查询，看到《述报法兵侵台纪事残辑》。

　　《述报》在台岛发行之后一年，才是通称第一家本地报纸《台湾府城教会报》（后改称《台湾教会公报》）的诞生，但创办者是外籍牧师，该报也没有使用汉字，它的书写符号，是由厦门传入的罗马字母，依照闽南语白话音拼写。

　　到了2002年，台湾新闻史与新闻界的系统写作开始出现。在台湾，王天滨先生陆续出版了《台湾社会新闻发展史》与《台湾新闻传播史》（该书次年另扩充部分编为《台湾报业史》）等书；其后，似乎前往人民大学攻读博士学位的作者，很可能没有继续撰述或出版相关的图书。在大陆，

---

①冯建三，台湾政治大学新闻系学士、硕士，英国莱斯特大学传播学博士，现任政治大学新闻教授，在传播政治经济学、中国与西欧传播研究、市场社会主义与传播媒体、传播科技研究等领域颇有建树。

成绩最突出的应该就是陈飞宝老师。同样在2002年，他与陈扬明、吴永长两位教授合作，推出了《台湾新闻事业史》，从清朝被迫割台的1895年写起，延伸至脱稿而付梓之前的1999年，堪称工程浩大，从报章杂志再到广播电视与通讯社，呈现重要事件与机构及规定，书中也对这些媒体的内容表现乃至部分统计予以提纲挈领的提示，作者所费心神不知凡几，无一不是嘉惠来者。

海峡两岸几乎同时出版的这些专书，从甲午战争至20世纪末的百余年间，台湾的新闻与媒体之重点沿革，尽在其中。无论是仅有时间鸟瞰，还是要深入探索，他们搜集与整理的素材，加上作者的观点，都不可或缺；对于从事传播教育的人来说，这些著作更是必备的教科书或参考书。

不过，21世纪的部分有待补足。这里，更能彰显陈老师的贡献。如同他的电影论述，陈老师对台湾新闻与媒体的研究与出版，实有两项重要的特色：一是先前已经谈及的开创性，二是延展性。笔者接触陈老师的著作，最早是他在1988年推出的《台湾电影史话》，这是吕诉上在台北出版《台湾电影戏剧史》（1961）之后将近三十年来，第一本比较全面介绍台湾电影的专书；到了2008年，该书另有扩充，遂以新版印行。这就显示，陈飞宝老师的温故知新从不间断，可以说是"古之学者为己，今之学者为人"的一种表现：心无旁骛，读书人只是为了志趣而求索，却已经成就自己与贡献社会，个人的选择与集体的需要，同时完成，陈老师是这个理想情境的实践者之一。

其后，陈老师再接再厉，持续投入，前引著作既已出版，他秉持初衷，没有掉头离去，在2007年完成篇幅更大，并且聚焦新闻传播产业更为晚近之变化的《当代台湾传媒》。尚不止于此，到了2014年，陈老师的成绩更见惊人，累积数年的工夫，孕育了七十余万字的《当代台湾媒体产业》。

陈老师使用的研究方法，假使援用现代学界的术语，就是图书馆法与田野调查法。这是基本功夫，大多数钻研社会人文现象课题的人，从古至今都在运用，包括马克思与恩格斯。马克思的《资本论》大多数在伦敦大英图书馆埋首书堆完成，恩格斯进入父亲在曼彻斯特的工厂亲身查访，于是有《英格兰工人阶级的状况》。陈老师应该是穷尽了在大陆图书馆与数据库所能查询到的材料，仍有不足，于是亲身走访与现场观察。陈老师不辞经济与时间的支出，往返两岸，历经费心的联络与协调，这才能够得到认可，亲自访谈众多业界人士，并且得到其中很多人的协助，取得第一手别处难寻的资料，历经整理与去芜存菁，清晰展现精华给读者参考。

《当代台湾媒体产业》这本大作，涵盖内容广泛并且深入。《联合报》《中国时报》等以平面媒体为主的集团，固然纳入；广播（及无线、卫星与有线）电视（新闻）频道的林立，以及网络集团从电商到图书与杂志出版的电子化，同样也在仔细爬梳之列。更让人称奇的是，该书已经注意到由电子科技硬件制造，向媒体内容进军的移动轨迹，因此，富士康郭台铭与宏达电王雪红的动静、身影也在书中闪烁。所有这些，都在说明陈老师全无龙钟老态，而是思绪与眼界的敏锐之深与触角之广泛，并不亚于青壮后生。既有这些能量，多年来的著述于是深获佳评，实至名归。陈老师始于电影研究，扩张至新闻媒体并再拓展至新媒体，一路走来的恒定与不懈，对于后进学人，必然大起示范作用，有为者亦若是的自诩，油然产生而亟思跟进。

陈老师的笔耕没有停留在2014年。最近几年，每到年底至次年初，我都很期待"出任务"，一种让人欣然从事的跑腿工作。原来，陈老师没有告老，他仍然在搜集晚近的材料，但年事已高无法否认，加上疫情限制，以及其他原因，致使来台更费周章，难度很高。于是，陈老师让我就近采购，将每年底或年初出版的台湾广告年鉴，以及其他相关的材料，代为寄至厦门。能够有机会参与这件事情，顿生与有荣焉的感觉。陈老师年逾八十，犹在准备出版新版的图书；即将进入法定退休年龄阶段的后生，也当跟进前辈的脚步。"不知老之将至"不仅是自己的乐以忘忧，在人寿增加世人担心老化的当下，更是社会之福。

2023年7月25日

台湾电视研究的新突破

评《台湾电视发展史》

李哲贞

　　随着海峡两岸影视文化交流，台湾的电视剧出现在大陆荧屏上，台湾电视引起了人们的关注，但是，由于历史的原因，大陆对台湾电视业的了解异常缺乏。偶有有关台湾电视发展的文章见诸报刊，也是凤毛麟角，管窥蠡测；海峡的阻隔，资料来源的不易，信息的闭塞，造成了对台湾电视研究的极大困难，使人们难窥台湾电视的全貌。

　　幸有厦门大学台湾研究所专事台湾影视研究的陈飞宝老师和70年代就开始致力于台湾广播、电视研究的厦门市政府第四办公室的张敦财先生，两人通力合作，历经8年，悉心收集，利用厦门邻近台湾之便收看台湾电视节目，终于获得大量材料，陈飞宝老师还亲赴台湾做学术访问，实地参观台湾三家电视台，考察当地居民收看卫星电视节目，亲自采访台湾影视界著名人士，获得第一手资料。台湾影视界同人也大力支持，无私提供大批书刊、资料、图片。详尽占有资料的基础上，两位作者尽可能站在历史角度，用传播学的观点，抓住主要矛盾，对台湾电视发展轨迹做客观的、实事求是的评述。数次增删，几经周折，一部全面介绍、系统论述台湾电视发展的专著终于问世了。不仅在大陆，就是在台湾地区，这部《台湾电视发展史》也是有史以来第一部论述台湾电视发展的史学著作。

　　本书涉及台湾电视政策、法令，电视资本结构，电视技术设备，电视人才培育，电视的综合管理，电视功用，电视节目，电视新闻，电视剧，电视教育，电视广告，电视现代化、多元化，海峡两岸电视交流和影响等台湾电视的方方面面。横面剖析，纵向论述，史论结合，把林林总总的台湾电视现象构建在自己的理论框架中；简明扼要、脉络清晰地把台湾电视30年来的发展概观展现在我们面前。本书开拓了台湾文化研究的新领域，尤其是对台湾电视文化研究的新突破，对于海峡两岸电视交流、合作做出了新贡献。我以为，本书取得了以下几个成果：

一、揭示了台湾电视体制的性质、特点。指出台湾电视媒体是政治权力、经济权力相互结合下所呈现出来的一个利益结构，是典型的"官僚商业结合体"。电视作为最现代化、最大众化的传播媒体，无疑是意识形态的"喉舌"，无疑要为所属的社会制度服务。但同时，台湾电视台又是企业经营性质，以营利为目的，属商业电视。台湾"台视""中视""华视"三家电视台均采取股份制经营方式，由官方公股、厂商"民股"及少量海外投资股份合股经营，以"公股"占优。官僚商业性质决定了电视台既要做政治宣传又要获得盈利。台湾创办的第一家电视台为"教育电视实验广播电台"，于1962年2月14日正式开播，主要任务是推广社会教育和宣扬中国文化。由于该台不播广告，收视率也仅有1.4%，难以为继，于是台湾有关部门将该台扩组，另行成立"中华电视台"，采用财团法人组织形态，以企业方式经营。三台的经营收入主要依靠广告，为争取广告利润，三台节目竞争激烈，娱乐节目完全以市场（收视率）为导向，节目内容向市场低头，节目播出量增加。为了在商业竞争中确保电视媒体控制思想、服务经营，实施：

1. 在股份上取得主要控股权。以1978年为例，三家电视台资本总计约5.67亿元台币，其中台湾官方投资合计2.77亿元台币，约占49%；台湾各厂商资本约为2.5亿元台币，约占44%；日本投资3840万元台币，约占6.8%。

2. 控制电视频道。如果电视台经营不善或违反公众利益，当局可随时收回频道，等于吊销执照。

3. 电视节目由台湾新闻事务主管部门把关。规定除新闻节目外，任何节目都必须在播映7天前送其审查。

解决台湾电视体制的性质、特点问题，就解决了台湾电视发展的主要矛盾，立起了台湾电视发展史的主干，对台湾电视的发展就有了提纲挈领的把握。

二、本书广搜博引，史料丰富翔实。正如作者在"前言"中所说，本书"至少能够为大陆提供台湾电视30多年的发展历史"，郭绍虞老先生曾谦称自己的巨著《中国文学批评史》为"一部资料性的作品"。其实仅就资料性而言，也是对人类文化积累的一种贡献，更何况资料的搜集整理、剔抉取舍、组织安排，无不隐含作者的思想观点，无不浸透作者的心血。

本书详细记载了台湾电视发展过程中的许多重大事件。时间、地点、人员、事情经过、统计数字，几乎面面俱到，比如在"电视台的诞生与成长"一节里，详细记述了从酝酿创办电视台到三台成立的经过。如对台湾第一家官办商业性电视台——台湾电视股份有限公司（简称"台视"）的诞生经过，有如下详尽的记述："1961年2月，台湾当局设置台湾电视事业筹备委员会，聘请'中国广播公司'总经理魏景蒙、周天翔等19人为委员，以魏景蒙先生为主任委员。同年3月4日召开第一次会议，决定寻求国际资金与技术合作的原则：一是海外资本投资不得超过49%，其余由台湾投资；二是电视机制造厂的建立，并列为合作范围；三是节目政策由台湾完全自主；四是海外资本对公司技术的提供及人员的训练属于合作的一部分；五是公司性质为民营。同年4月8日召开第三次会议，通过'台视'筹委会寻求海外合作要点，目标为日本及欧美各国。经过近一年时间，获致与日本富士电气会社、日立电气制作所、日本电气会社、东京芝浦电气会社合作的定议。1962年2月10日及28日，分别与台北、东京签订合作协议书。""1962年4月28日，'台视'正式成立，各股权代表和发起人集会，通过公司章程，选举林伯寿、魏景蒙等15人为董事，王云龙等5人为监察人，董事会推选林伯寿为董事长，聘董事周天翔为总经理。""台视"成立后，"在台北市八德路3段10号兴建电视大厦，含办公大楼及摄影棚3座，占地3000多平方米，初期电视发射机功率5000瓦，天线输出电力达70000瓦，发射台设于竹子山，海拔1020米，铁塔高30米，安装12段超高增益电视定向天线。同时积极安排节目，规划业务，加紧采购器材及零件制造电视机。通过近半年的准备，于1962年10月3日开始试播一周，每日播出2小时。5日于台北宾馆举行试播酒会，酒会实行转播车播出，由于画面清晰，节目生动，使电视机销售激增。同年10月10日，'台视'正式开播。开播典礼由宋美龄女士主持剪彩，按动遥控电钮，播出电视讯号。这是台湾第一座官办企业性电视台的正式开播。"对于三家电视台的机器设备及性能，三台的节目设置，乃至三台的人事变更等，都有详尽的记载。

本书还记载了两岸电视新闻"开禁"的重要事件：1987年11月1日台湾影视制作人凌峰到大陆拍摄电视片《八千里路云和月》，结束了海峡两岸新闻界、影视界近40年来互不往来的局面；1988年9月2日，台湾新闻事务主管部门公布"电视台播映大陆资讯原则"，允许全场播出大陆运动员参加的重要世界冠亚军比赛；1990年5月21日"台视"记者首次在北京利用人造卫星成功向台湾观众直播新闻……

台湾三家电视台并存，形成互相竞争的局面，又有地下的"第四台"出现参与竞争。竞争的结果，三家电视台节目不断改进，质量不断提高。电视新闻为争取观众，不断增加消息传播量，延长报道、评论时间，扩大台湾地方新闻和国际新闻的报道，讲究时效性、问题的迫切性，敢于揭露阴暗面，抨击时弊，并改变对大陆的歪曲报道，台湾的电视纪录片也由"主流影像"走向多元化。

三台的竞争促进了台湾电视剧艺术的发展。电视剧品目繁多，花样翻新。凡是能够用来编连续剧的中国古今故事，都被探究，挖空心思掏出来。伦理剧、情爱剧、武侠剧、喜剧、历史剧、戏曲电视剧争奇斗艳，本书对台湾电视艺术各个时期的发展及特点，都有精当的论述、分析。

台湾电视的发展，与台湾经济的发展密切相关。这从电视广告量的多少与台湾经济发展的好坏成正比可以看出来。电视广告是商业电视赖以生存与发展的一大支柱。而电视广告的发展依赖于工商业的繁荣和发展。在商业资本社会里，像电视这样的意识形态工具也商业化了。

总之，本书揭开了台湾电视发展的面纱，为大陆电视工作者打开了一扇了解台湾电视发展状况的窗口。

原载《中外电视》总第121期，1995年1月，第71—77页

与"台湾电影研究"结下不解缘的陈飞宝先生

梁　良[①]

▲ 台湾影评家梁良（右）与奥斯卡金像奖导演（《少年派的奇幻漂流》）、奥斯卡金像奖外语片导演（《卧虎藏龙》）、台湾金马奖主席、金马奖评审委员会主席李安合照

　　陈飞宝先生，是海峡两岸的历史学者中毕生研究台湾电影、电视、新闻事业，乃至媒体产业着力最深的人。自1964年春接到调令到福州军区解放军福建前线广播电台文艺部任职以来，专心钻研台湾的文化、历史、影视、传媒等相关资料，不断推出多种专著，至今不绝，其专业精神和非凡毅力叫人十分敬佩！

　　1940年出生的陈飞宝，前半生的际遇十分坎坷，甚至堪称不幸，自幼失去父母，幸赖情逾生母的姨姨抚养长大。在福州七中读初中和高中时，已对文学写作和看电影产生兴趣，而且参加了少先队和共青团。此时，教育部在中央民族学院语文系设立台湾高山语专业。1959年夏，高山语专业开始招收第一批学生，陈飞宝高考成绩达标被录取，从此跟台湾结下不解之缘。

　　大学毕业后，陈飞宝接通知到厦门解放军部队报到，被分配在面对

---

①梁良，本名梁海强，1951年生于香港，台湾艺术专科学校（现台湾艺术大学）影剧科毕业，1977年定居台湾，台湾资深影评家。从事海峡两岸暨香港电影评论、交流、出版及影视编剧、制作等40多年。

金门岛的大嶝岛当兵锻炼。1964年春接到调令，到福州军区解放军福建前线广播电台文艺部任职，负责将全国各省的文艺节目带编目录，分盒、分类上架，做到分类明确，方便编辑选择播出，为此他还到过上海广播电台采录各种优秀文艺节目带回供各编辑取用，并趁机在上海观摩芭蕾舞团现场演出《白毛女》《红色娘子军》，又观赏了上海交响乐团的演出。在观赏波澜壮阔的《东方红音乐舞蹈史诗》时，由于陈飞宝从电影上已看过两遍，在看第三遍时，结合媒体的乐评自行分析其结构、段落、音乐、舞蹈艺术表现形式等，无形中已在自我培养"艺术评鉴"的能力。

此外，前线台文艺部编辑的另一项工作，是将新中国成立后中国拍摄的电影加以录音剪辑后对台湾播出。1966年4月10日，"文革"爆发，前线台文艺部要重审对台播出的电影录音剪辑节目。陈飞宝不负责这项工作，倒是借这难得机会，观看了新中国成立以来一大批的优秀电影，似乎参加了一次新中国成立后中国电影回顾展，这些经验，对他后来到厦大台湾研究所，从事对台湾电影史和电影导演艺术的研究打下了基础。

因"文革"关系，陈飞宝于1969年6月跟电台台长和文艺部大部分编辑一起转业，脱下军装。转而在福州中药厂的制药车间煮熬中草药，后调到技术组跟技术员试制周公百岁酒之类。1976年1月8日上午周总理逝世，陈飞宝考虑转换跑道，要求调到福建省做医药研究，当福建省卫生厅主办的《福建医药卫生》（1979年后）和《赤脚医生》杂志社编辑。《福建医药杂志》在1979年正式公开出版向全国发行，改版更名为《福建医药杂志》，为翻译、介绍日本先进的医药技术提供刊载版面。陈飞宝得福建医药研究所领导支持，于1980年3月到厦门大学日语系高级班进修，跟日语班毕业生一起上课。1980年7月9日，厦门大学的台湾研究所正式成立，陈飞宝闻讯，认为这是回归从事对台研究的千载难逢的机遇，乃向台湾研究所所长陈碧笙教授提出调到所里工作的申请。鉴于陈飞宝中央民族学院求学经历，又曾在解放军从事对台广播宣传，当过医药研究杂志编辑，台研所今后要办学术期刊，很多地方都用得着他，所领导乃同意他的申请。陈飞宝长达40多年的台湾学术研究正式踏上康庄大道。

在20世纪80年代初，电影学术研究初兴，但以中国电影史作为研究方向的十分稀少，至于对台湾电影史的研究和撰写更可以说是一片空白。已经人到中年的陈飞宝如孤雁般特立独行，专注于收集有限的报刊资料，从事台湾电影研究，撰写台湾电影史的文章，当时被形容为"稀有动物"。但如此一来，陈飞宝每次有新的研究成果，就具有走在时代前端的开创性意义，从台湾电影史到电视史，再到台湾新闻事业乃至当代媒体产业，一本接一本的专著推出，逐渐确立了他在这个研究领域卓然成家的独特地位。

1983年10月，台湾研究所成立已三年，他个人署名编写的第一部著作《台湾电影史简编》计划出版，内容虽较为简略和陈旧，但文化部得知后特别来函索取。翌年，司徒慧敏部长通过秘书回信表示该书材料较旧，是否另外有跟上时代的专著，陈飞宝趁机向中国电影家协会提出修改意见。1984年5月30日，中国电影出版社通知陈飞宝，同意出版他的《台湾电影史话》。中国电影评论学会支持陈飞宝提交论文，参加1984年在大连举办的全国电影评论学会的首届年会，陈飞宝带《试论台湾写实主义电影发展的脉络和特点》论文与会，成为在后来结集出版的《电影学》一书收入的35篇论文中，唯一的一篇评论台湾电影的论文。年会中，有几位学者就港台电影研究如何着手进行讨论，陈飞宝提出成立台港电影研究组织的建议。中国电影评论学会副会长罗艺军在大会总结发言中，提出"终结港台电影研究的空白历史"。

到1985年，所领导另安排人员接管陈飞宝的《台湾研究集刊》编辑工作，他可以全力以赴专职研究台湾电影和撰写台湾电影史。为了工作需要，他经由诸多途径看遍了当时在厦门能够看到的几百部台湾影片和录像带，又利用厦门可以看到金门转播台湾电视节目的"地利"条件，运用鱼脊天线收看、收录来自金门转播的台湾电视台播出的台湾新闻和台湾故事片。利用到北京参加研讨会的机会，在中国电影资料馆观赏该馆所储藏的台港影片更是不在话下。

1988年10月，"中国台港电影研究会"在北京成立，陈飞宝当选为理事，此时，研究台湾电影历史已成为他生活和感情不可或缺的组成部分。而历经六年始完成的《台湾电影史话》书稿，也在1988年12月由中国电影出版社出版。这本格局宏大、文长达38万字的巨著，详尽地反映了台湾电影80多年历史发展的几个不同阶段，对电影导演及其作品的评价也力求客观公允，具有整体感和系统性。此书不但是大陆第一部台湾电影史方面的著作，深受舆论重视，《人民日报》和《光明日报》均有专文报道，连海峡对岸的台湾报刊也另眼相看。

笔者当时在台湾《民生报》撰写"影视短评"专栏，由于我也对影史研究深感兴趣，因此对《台湾电影史话》的面世特别看重，有感而发地写了《研究电影，我们缺乏扎实的努力》一文，文中谈道："说起来，这真是一件足以令台湾电影学术界感到羞愧的事。在厦门大学台湾研究所任职的陈飞宝，是大陆上专门研究台湾电影的数位专家之一。他已写成的《台湾电影史话》一书，交由中国电影出版社出版。""这是继吕诉上于1961年完成《台湾电影戏剧史》之后，唯一的台湾电影史新书，而且是内容涵盖时空最长最广的一本。这项原来应该由在地电影学者完成的工作，如今竟要由对岸的学者来完成，岂不感到羞愧？"

其实我当时并不认识陈飞宝先生，但有一种发自内心的敬佩之情，没想到不久之后，我就有机会面对面认识飞宝兄，从此成为相交三十多年的好朋友。事缘1989年5月27日至30日，厦门文联、厦门电影电视家协会主办大陆首届"台湾电影电视艺术研讨会"，在厦门科技馆举行。陈飞宝是厦门影视家协会理事，邀请台湾的数位影评家组代表团出席，由我担任团长，率前辈黄仁及同辈蔡国荣、黄建业赴厦门与会。这是四十年来大陆第一次有海峡两岸暨香港电影界学者齐聚一堂的学术交流活动，具有特殊的时代意义。会中共宣读了九篇论文，就海峡两岸暨香港新电影、台湾写实电影、武侠电影、公营电影、台湾社会变迁对电影的影响，以及海峡两岸电影历史的关系均进行深入的探讨。

会议期间，北京电影学院黄式宪教授受《北京电影学院学报》编辑部委托，利用这次机会邀请台湾的四位学者和上海影评学会副会长边善基先生一起座谈，就台湾新电影的历史背景、未来走向及文化价值等问题展开了深入的讨论，六人"侃大山"开诚布公，针锋相对，采取了一种开放的思维方式：寻找差异，不求共识。对此次座谈，笔者在香港《电影双周刊》(1989年第267期)上曾撰文报道，其中有言："……甚至在台港两地发表的有关台湾新电影的研究文章还没有一篇的内容是那么丰富的，可见不同思想的撞击，的确可以迸发出学术研究的火花。"与会者一致认为，厦门电影电视家协会，为推动海峡两岸暨香港影视界之间的学术交流带了一个好头，并为今后的进一步了解和合作奠定了一个好基础，具有里程碑意义。

其后，飞宝兄与台湾电影学界、电影导演、产业人士等面对面交流的机会越来越多，而且为了参访、开会、收集写作资料、访问相关人士等原因，多次亲赴宝岛，已经变成一个"台湾通"了。我特别记得在1992年7月1日，陈飞宝与北京电影学院黄式宪教授、中国电影研究中心的蔡洪声研究员，应台湾金马奖执委会、台湾电影资料馆、台湾影评人协会、台湾电影导演协会的邀请，三人一起赴台湾参加首届两岸电影学术交流的"中国电影历史与90年代中国电影展望"学术研讨会，是最先到台湾进行电影学术交流的一批大陆电影学者。在正式的学术活动之余，我还邀请三位到台北的舍下小坐，喝茶聊天，其乐融融。一回首，已是30年前的事了！

如今，飞宝兄已高龄八十三，我也七十开外，但我俩都能退而不休，一本热爱电影、热爱台湾电影历史的初衷，持续相关的研究和写作，为未来做出更多贡献。

2023年1月26日

于台北市

日渐多元，日趋繁荣

中国大陆学者台湾电影研究述评（节选）

周 斌[①]

在大陆学者的台湾电影研究中，台湾电影史研究是一个重要领域，不仅相继出版了一些史论著作，而且发表了一批这方面的论文，其内容涉及面较广，论析也较深入。具体而言，大致表现在以下几个方面。

第一，学者个人编撰的台湾电影史专著在这一领域具有明显的开拓作用。

例如，陈飞宝的《台湾电影史话》是第一部在大陆正式出版的台湾电影史研究著作，产生了较大影响。该著作是中国电影出版社在20世纪80年代编辑出版的"台港电影丛书"之一，作者较全面地梳理和概述了台湾电影自1896年至1985年的发展与流变状况，较详细地介绍了各个历史阶段一些有代表性的影片、创作者和制片机构的情况，并对一些主要的电影编导之创作特色和艺术风格进行了较具体的评介；同时，在论述时也注意将台湾电影历史发展的纵向连接和横向展开相结合。著作的结构和论述较为清晰，立论力求公允，从而较清楚地勾勒了台湾电影60年的发展轨迹。但是，正如编者所说："由于海峡两岸长期隔绝，到1985年，台湾制作的电影已多达4000多部，作者虽竭尽所能，亦困于资料的短缺，难免有不尽准确、疏漏，甚至贻误之处。"尽管如此，该著作在台湾电影史研究方面仍具有明显的开拓性作用。此后，该书作者克服了各种困难，又亲赴台湾专访了一批台湾电影导演和台湾"中影"公司，搜集了许多电影资料，并参考了不少研究台湾电影的专家学者之著作，在此基础上对自己的原著进行了修改和补充，并于2008年出版了《台湾电影史话（修订版）》。此书以编年史分期方式论述了台湾电影从1896年至2004年的发展变革历程，一方面注重将台湾电影放在各个历史时期台湾政治、经济发展变化的框架下进行探讨，梳理了台湾电影美学与政治、经济之间的关系；另一方面则遵循

[①]周斌，复旦大学电影艺术研究中心主任、教授、博士生导师、中国电影评论学会理事。

台湾电影自身发展的规律进行论述，"对不同时期的电影，从不同角度，由远而近，由总体到制片、发行、放映、导演艺术创作和风格、特点、电影潮流、类型特色，做一个历史的、客观的、中肯的、较为完整系统的论述，建立起历史唯物主义和电影美学的台湾电影史观"。应该说，修订版与第一版相比，不仅在内容上有了较多补充和扩展，而且资料更加翔实，论析也更加深入了。

　　选自"新世纪以来台湾电影的新变化——中国台港电影研究会台湾电影委员会第二届学术研讨会"（2017年4月21—22日）会议特稿：《日渐多元，日趋繁荣——中国大陆学者台湾电影研究述评》（周斌）。

第四辑 附录

流金岁月

▲ 1992年2月25日，陈飞宝在宿舍卧室兼工作室看接收金门转播的台湾电视节目

▲ 1992年2月25日，因经济拮据，无法购买书柜，为避免将书稿搅乱，陈飞宝将书稿钉在墙壁上

▲ 1992年2月25日，陈飞宝在有三角梅的阳台稍作休息

▲ 2000年，随着住房和经济条件的改善，陈飞宝有了专用书房，从事研究和写作

▲ 1998年2月8日，陈飞宝利用赴台拜访李行导演和其他导演的机会，特意从台北来到南投雾社英烈陵园留影

▲ 2000年12月，陈飞宝参加海峡两岸暨香港电影研讨会时在台湾花莲佛教慈济公德会精舍前留影

▲ 2006年5月20—24日，陈飞宝参加由福州鼓山涌泉寺主办的"海峡两岸鼓山法系圆桌座谈会"，发表论文《闽台佛教渊源关系》

▲ 2005年11月22日，陈飞宝参加由武汉大学传播学院主办、台湾科技大学协办的第六届"两岸传媒迈入21世纪研讨会"，发表《台湾传播媒体现代化和经济发展关系初探——兼论台湾经济专业媒体的作用与影响》论文

▲ 1987年，凌峰导演（左三）专访厦门大学台湾研究所，在南普陀前与台湾研究所副所长朱天顺教授（右三）、经济室主任翁成受教授（右二）、陈飞宝（右一）合影

▲ 1987年8月11日，陈飞宝在西安电影制片厂二楼会议室讲课

▲ 1992年7月，陈飞宝（左二）应台湾导演协会等单位邀请赴台做学术交流访问，参观"中视"时，与在拍电视剧的演员张晨光（左一）合影

▲ 1992年7月2日，在台北希尔顿饭店北京厅记者会后，大陆学者与台湾导演协会的电影导演合影[一排右起：李行导演、黄式宪、陈飞宝、蔡洪声、张彻导演；二排：万仁导演（右一）、李佑宁导演（右二）、黄玉珊导演（右四）、林清介（右五）、丁善玺（左三）、蔡扬明（左四）]

▲ 1992年7月3日，陈飞宝（右一）亏黄式宪教授（左一）、高雄南风艺术坊陈姿仰小姐（右二）拜访李行《原乡人》原型钟理和的夫人钟平妹老人家（左二）

▲ 1992年7月3日，陈飞宝（右 和《原乡人》原型钟理和的夫人钟平妹合影留念

▲ 1995年12月20日，陈飞宝（左）参加台北金马奖颁奖典礼期间，特意专访台湾著名娱乐片导演朱延平，在朱延平导演工作室与朱导演合影

▲ 1998年1月，陈飞宝（中）在台北天母张毅夫妇的琉璃工房专访电影导演张毅（右一）、演员杨惠姗（左一）夫妇，并在琉璃工房前合影

▲ 1998年2月，李行导演（左二）与万仁导演（右二）、陈飞宝（右一）及其夫人黄丽珍（左一）在万仁导演《超级大国民》现场合影

▲ 1998年2月5日，陈飞宝（左）专访台湾杰出的电影剧作家张永祥，与时任"中视"公司节目部经理张永祥在"中视"公司合影

▲ 1998年2月10日，海峡两岸知名电影明星秦汉成功塑造李行导演《原乡人》钟理和、《汪洋中的一条船》郑丰喜等艺术形象，陈飞宝（右）及其夫人黄丽珍（左）专访秦汉（中），并在敦化南路诚品书店前合影

▲ 2001年1月2日，随中国台港电影研究会代表团访台期间，陈飞宝（右）拜访台湾青年作家、电影剧作家、《悲情城市》剧作者之一朱天文，与朱天文在其家里合影

▲ 2004年11月，陈飞宝在台湾进行"台湾经济专业媒体与台湾经济发展关系"课题研究时，专访"中国时报"总编室，陈飞宝（左一）与总编辑张景为（中）、副总编辑郭至桢（右一）合影

▲ 2006年12月22日，在参加中国高校影视高层论坛时，陈飞宝（右）作为高校影视学会理事，与高校影视学会副会长、北京师范大学艺术传播学院周星教授（中），高校影视学会副会长、上海交通大学李亦中（左）教授合影留念

▲ 2009年3月20日，福建电影家协会副主席邓晨曦带两岸学者游览与金门一水之隔的大嶝岛，在背向金门的海边合影（右起：福建影协林燕华小姐、台湾电影资料馆馆长李天礢先生、政治大学广电系卢非易副教授、台南艺术大学音像艺术学院黄玉珊副教授、福建影协副主席邓晨曦、陈飞宝）

▲ 2011年，陈飞宝（右二）访问台南古都广播电台，与总监、副总经理、台南艺术大学音像艺术学院黄玉珊副教授（左二）合影

▲ 2011年1月4日，因撰写《当代台湾媒体产业》一书，陈飞宝再访《台湾时报》，与林世英社长合影

▲ 2011年5月，世新大学王柏钧教授(一排左二)、人间卫视工作人员与来访的陈飞宝（一排右二）合影

▲ 2011年5月21日，陈飞宝（左）拜访中天电视台新闻部专题节目《文茜的世界周报》主持人陈文茜并合影

▲ 2011年5月26日，陈飞宝（左）在台湾无线卫星电视台（TVBS）看李艳秋主持的新闻部政论节目《新闻夜总会》录影，并与李艳秋合影

▲ 2012年4月27日，陈飞宝（中）与参加闽南文化暨电影研讨会的研究台湾电影学者北京大学艺术传播学院教授李道新博士（左），厦门大学人文学院副院长、博士生导师李晓红教授（右）在台南朱玖莹故居前合影

▲ 2015年8月，陈飞宝专访《观察》杂志社社长纪欣女士

▲ 2015年9月3日，陈飞宝（左）参访中时媒体集团时报资讯电子报，拜访电子报总编辑刘善群并合影

大事年表

1940年	5月18日福建省厦门市出生。
1943年（3岁）	农历八月十五日，陈飞宝母亲离世，时年27岁。农历十一月二十七日，陈飞宝父亲在厦门服安眠药去世，时年29岁。
1946年2月—1947年5月（6—7岁）	福州台江区万寿桥私塾学习。
1947年8月—1948年（7—8岁）	福州台江南公园仙竹小学一年级。
1948年9月—1953年7月（8—13岁）	福州西园乡涧田小学二至六年级。
1953年9月—1959年7月（13—19岁）	福州第二中学初中、高中。
1959年（19岁）	8月29日，考上中央民族学院语文系台湾高山语专业。
1963年（23岁）	8月，受中央军委征召，在解放军福州军区政治部联络部报到，在与金门岛一水之隔的大嶝岛部队锻炼。

1964年7月— 1969年6月 （24—29岁）	解放军福建前线广播电台文艺部编辑。
1969年6月— 1976年4月 （29—36岁）	从军队转业，福州中药厂化验室实验员试制药品。
1976年4月— 1980年12月 （36—40岁）	在福建省医药研究所，任福建卫生厅主办的《福建医药卫生》杂志（后更名《福建医药杂志》）编辑，及《赤脚医生》杂志编辑，负责国家医药卫生政策及医药诸如中西医结合等稿件编辑。
1977 年 2—7 月 （37 岁）	边工作，边在福建医科大学进修生理、生化、病理。
1977年9月— 1978年1月 （37—38岁）	边工作，边在福建中医学院进修中医基础。
1980年（40岁）	1980年3月—1981年1月，厦门大学外文系进修日语，成绩良。中央台办批准成立厦门大学台湾研究所，陈飞宝向所长陈碧笙教授申请调到研究所从事对台研究。12月，正式调至台研所。在厦大研修日语的同时，在台研所负责翻译编辑《雾社起义资料集》（《台湾资料丛刊》之一）（1980年12月本所印刷），参加筹备1980年10月"纪念雾社起义五十年学术研讨会"。调台研所后，负责编辑《台湾研究动态》（1981年出4期、1982年出4期、1983年出3

期），负责《台湾爱国诗集》、《二·二八起义资料集》（台湾资料丛刊之三）（1981年1月）等资料集印刷。

1983年（43岁）　8月，《台湾研究集刊》创刊，台研所所长陈碧笙教授主编，陈飞宝负责筹备、执行编辑（负责至1985年）。10月，陈飞宝的《台湾电影史简编》，由台研所印行；陈飞宝被推选为福建电影家协会常务理事。10—11月，参与福建电影家协会主办的"首届电影评论讲习班"，学习《当代电影理论流派与评论》。

1984年（44岁）　9月18—25日，参加中国电影评论学会在大连举办的首届研讨会，句大会做《台湾电影历史与现状》专题发言。

1985年（45岁）　8月5—20日，参加福建电影家协会"电影文学创作研修班"，进修电影文学创作技巧。

1986年（46岁）　6月20—26日，参加中国电影家协会《大众电影》举办的台港电影研讨会，发表两岸电影对比初探发言。《大众电影》1986年第9期（总第399期）发表陈飞宝《台湾电影小史》。12月16日，被评为助理研究员。

1987年（47岁）　8月，西安电影制片厂举办台湾电影讲习班，邀请陈飞宝给西影艺术办、导演介绍台湾电影历史和杰出导演，包括李行、李翰祥名导演、名片，介绍台湾经济和社会现状。

1988年（48岁）　1月，国家广电部主管一级学术社团"中国台港电影研究会"成立，陈飞宝被推选为理事。12月，《台湾电影史话》由中国电影出版社出版。

1989年（49岁）　5月27—30日，厦门文联、厦门电影电视家协会主办大陆首届"台湾电影电视艺术研讨会"，陈飞宝参与筹备，联系、邀请台湾知名学者、影评家黄仁、黄建业、蔡国荣、梁良，香港电影资料馆余慕云，大陆方面邀请黄式宪教授，上海电影评论学会副会长、《电影新作》副主编边善基先生等多位学者。陈飞宝发表《海峡两岸电影关系历史分析》（发表于《当代电影》1990年第1期，题目改为《初探海峡两岸电影文化交流和影响》，台湾《电影欣赏》转载，标题为《海峡两岸电影关系历史分析》）。

1993年（53岁）　1月10—17日，参加在上海举行的第二届"海峡两岸暨香港电影导演研讨会"。7月，厦门大学中文系与中国高等院校电影电视学会主办的"第六届中国高校影视学术研讨会"在厦门大学举办年会，由陈飞宝负责联系邀请台湾电影著名学者李天铎博士作专题报告，是首位台湾学者给来自全国各院校教师作世界及台湾地区电影发展趋势专题报告。陈飞宝著作《台湾电影史话》（1988年版）获此次中国高等院校电影电视学会年会优秀学术成果二等奖。11月，厦门大学社科处正式通知陈飞宝，应新闻传播学系聘请，作为国家社科院"七五"规划重点科研课题——"台湾新闻事业史"［社科（1987）基字205］特约合作者，负责撰写台湾"报禁"解除后的新闻事业概况及电视、广播、通讯社。1999年9月17日，厦门大学科研处再次确认陈飞宝撰写上述书稿内容。

1994年（54岁）　12月，被评为副研究员。

1995年（55岁）　8月2—9日，参加在北京广播学院举办的"21世纪电影电视展望研讨会暨中国高校影视学会第七届年会"（由北京广播学院、北京电影学院、中国电影艺术研究中心等八个单位共同举办），陈飞宝发表论文《跨世纪中国电视发展的多元格局》，被收入由黄式宪主编的《电影电视走向21世纪》（中国电影出版社1997年5月第一次印刷）。12月3—23日，受台湾电影导演协会、台北金马影展执行委员会邀请，陈飞宝与福建电影家协会组团参加台湾金马奖颁奖典礼。在金马奖颁奖期间记者招待会上，陈飞宝与香港电影金像奖主席吴思远做了发言。

1996年（56岁）	1月，成为中国电影家协会会员。11月2—3日，在广州参加"香港电影回顾展暨研讨会"。
1998年（58岁）	1月13日—2月24日，应李行领导的极忠文教基金会邀请，赴台专访李行等二十位台湾导演，这次短程专访，陈飞宝撰写《李行的电影艺术创作及其在中国电影中的功绩》，在黄仁《行者影迹——李行电影五十年》（时报文化出版企业股份有限公司1999年版）一书刊载（第400—431页）。8月，厦门大学社科处再次通知陈飞宝，应厦门大学新闻传播系聘请，作为国家社科院"七五"规划重点科研课题——"台湾新闻事业史"[社科（1987）基字205]特约合作者，写"报禁"解除后台湾新闻概况、电视、广播、通讯社部分，并为该系1997—1999届硕士研究生讲授必修课《台湾新闻传播研究》。
1999年（59岁）	12月26—30日，参加中华全国台湾同胞联谊会、洛杉矶华夏政略研究会主办的"第五届中华民族之振兴学术研讨会"，主题是"庆祝澳门回归及新中国成立50周年，促进

祖国的完全统一和中华民族之振兴"。

2000年（60岁）　　1月，获得主持中国艺术科学"九五"规划艺术研究课题"当代台湾电影电视剧研究"项目。此课题于2003年1月送"鉴定结项审批书"，全国艺术科学规划领导小组办公室于2004年9月7日发文给此课题组组长陈飞宝批文："经全国艺术规划办公室审核认定，您负责的'九五'国家基金会课题《当代台湾电影电视剧研究》验收合格，准予结项。"3月，陈飞宝研究专著《台湾电影导演艺术》，在台北亚太图书出版社出版。5月18日办理退休手续，因承担"九五"规划艺术研究课题，厦大批准返聘，自2000年6月至2002年7月。2000年12月25日—2001年1月5日，中国台港电影研究会会长张思涛为团长率团赴台，参与台湾"中国电影评论协会"共同主办的"海峡两岸暨香港电影研讨会"，陈飞宝为团员之一，再次赴台湾参加两岸学术交流活动。

2001年（61岁）　　1月，在台北专访台湾电影剧作家、《悲情城市》编剧之一朱天文小姐。

2002年（62岁）　　9月，陈扬明为第一作者、陈飞宝为第二作者的专著《台湾新闻事业史》，由中国财政经济出版社出版。

2003年（63岁）　　11月，陈飞宝参与中国艺术研究院电影电视艺术研究所所长章柏菁为组长承担的全国艺术课题"中国电影50年"（1949—1999）（01BC25），陈飞宝专责台湾电影的史论，庆祝中国电影百年之际，此课题以《中国当代电影发展史》一名由文化艺术出版社在2006年11月出版。陈飞宝专责第十四章"文化传承形态变异——台湾电影篇",有七节:(1)乡土/写实主义电影;(2)城市电影;(3)女性、言情电影;(4)少儿世界和青春物语;(5)武侠、功夫电影和黑道帮派电影;(6)军事电影;(7)喜剧电影的演变。共95000字。

2004年(64岁)　　11月1日—12月1日,得台湾政治大学新闻系陈世敏教授支持,前新闻系主任臧国仁教授推荐,时任新闻学系主任冯建三教授邀请,在台湾进行为期一个月的"台湾经济专业媒体与台湾经济发展关系"研究,专访了二十几家新闻媒体,对台湾经济发展与台湾媒体关系做初步研究。

2005年(65岁)　　11月9—12日,陈飞宝作为中国百年电影的中国优秀百部电影评委、中国优秀百位演员评委,负责整理提供台湾优秀影片、台湾杰出演员基本资料,供全国百位评委评选,并参加中国影协"第14届中国金鸡百花电影节暨中国电影百年庆典"在海南三亚举行的颁奖庆典。11月20—22日,参加武汉大学传播学院主办、台湾朝阳科技大学传播艺术系协办的"第六届两岸传媒迈入21世纪研讨会",主题是"两岸传媒与社会发展",陈飞宝发表《台湾传播媒体现代化和经济发展关系初探——兼论台湾经济专业媒体的作用与影响》论文。

2006年(66岁)　　12月21—23日,参加在华南理工大学召开的中国高等院校影视学会与华南理工大学主办的"中国高等院校影视学会第十一届年会暨第四届中国影视高层论坛"、第四届"学会奖",陈飞宝发表论文《论台湾后新电影和新生代导演艺术》,被收入李幸主编、吕正标副主编的《中国与世界——影视文化多样性的现实与前景》（华南理工大学出版社2007年版，第176—188页）。

2007年（67岁）　1月，《当代台湾传媒》（43万字）由九州出版社出版。12月25日，陈飞宝"经厦门市老教授协会高级职称认定资格评审委员会评审通过，确认具备研究员资格"。厦门市老教授协会编号：厦LJX02—08025。

2008年（68岁）　8月1日，中国台港电影研究会经国家广电总局批准，因为在台港电影研究中取得的突出成绩，"根据中国台港电影研究会关于表彰李以庄、陈野、陈飞宝、蔡洪声四位会员的决定"，特发给陈飞宝荣誉证书。《台湾电影史话》荣获中国台港电影研究会、华夏电影发行有限公司联合主办的"华夏杯"港台电影优秀著作奖。8月1日，在北京远望楼宾馆参加"华夏杯"港台电影优秀论著评选活动颁奖典礼。陈飞宝接受荣誉奖杯和《台湾电影史话》优秀著作奖状。9月，《台湾电影史话（修订本）》由中国电影出版社出版。

2009年（69岁）　3月18—23日，中国电影家协会、福建电影家协会主办，在泉州、厦门举行"中国首届海峡两岸闽南语电影研讨会"，陈飞宝参与筹备，负责邀请台湾电影资料馆李天礢馆长（除带文字资料外，还带该馆馆藏的闽南语电影资料片）。考虑今后两岸落实合作拍片，特意邀请曾来福建闽南拍惠安女题材《双镯》的台湾女导演、台南艺术大学音像艺术学院黄玉珊副教授，以及研究台湾电影（包括闽南语电影）与台湾政经文化关系的台湾政治大学广电系卢非易副教授。陈飞宝发表《台湾移民社会与台湾闽南语电影》论文（后刊载于《电影文学》2010年第15期，第4—6页）。

2010年（70岁）	1月17—20日，厦门文联、福建电影家协会主办，厦门市电影家协会、厦门文艺创作基地承办"第二届海峡两岸闽南语电影研讨会"，陈飞宝是组委会成员、论文组副组长，专责联系并邀请台湾电影学者和大陆研究台湾闽南语电影的学者。陈飞宝发表《传承与开拓——初探闽南语电影美学特色》论文。

5月1—27日，为九州出版社撰稿《当代台湾媒体通论》（后出版时改为《当代台湾媒体产业》）一书，得台南艺术大学音像艺术学院井院长的支持，赴台进行为期一个月的"台湾媒体发展研究"计划。

5月20日，参加宜兰佛光大学传播学系主办的"第三届传播与发展学术研讨会"，主持"微网站"主题一组的研讨会。

5月24日，参加世新大学的"数位宽频文本、汇流加值报务高峰论坛"。

6月11日，国家广播电影电视总局、福建人民政府与台湾"中华广播电视节目制作商业同业公会"等单位主办"第三届海峡论坛·两岸影视制作业峰会"。11日上午，举办"中国武侠电影大师——纪念胡金铨诞辰80周年电影论坛"，陈飞宝在论坛上发表论文《胡金铨的武侠电影美学及其对中国电影的影响和贡献》[刊载于《当代电影》2011年第8期（总第185期）第98—101页]。11日下午，参加"闽南语电影市场发展座谈会"。

11月13—15日，福建省文联、厦门大学人文学院、台湾成功大学主办的"海峡文缘厦门论坛"在厦门大学召开，陈飞宝发表《台湾与厦门闽南语电影的渊源关系及其影响》论文（编入俞兆平、林蔚文主编的《海峡文缘厦门论坛论文集》，海风出版社2011年版，第328—336页）。

2011年（71岁）　11月12—13日，参加台湾世新大学"辛亥革命百年及胡秋原先生101岁冥诞学术研讨会"，陈飞宝发表《论胡秋原先生创办的〈中华杂志〉在台湾社会的地位和影响》论文。

2012年（72岁）　4月27日—5月4日，陈飞宝参加台南艺术大学音像艺术学院主办的2012世界闽南文化节"闽南文化影展暨论坛"——负责提供福建高校赴台参加研讨会的名单，发表《新型闽南电影文化及其产业的构想》论文（收入台湾电影作家、电影史学家黄仁编著的《新台湾电影——台湾闽南语电影文化的演变与创新》，台湾商务印书馆股份有限公司2013年版，第82—97页）。

7月17—20日，中国电影资料馆举办"电影高峰论坛——侯孝贤影展暨研讨会"，陈飞宝发表《侯孝贤电影：历史观照和客观叙述风格——兼论侯孝贤在中国电影中的地位和影响》（收入饶曙光主编的《电影要从非电影处来——侯孝贤电影研究》，中国电影出版社2013年版，第81—94页）。

2014年（74岁）　4月，《当代台湾媒体产业》（74万字）由九州出版社出版。

2015年（75岁）　　　9月1—13日，为研究出版《当代台湾媒体与政党政治通论》，再次赴台参访。11月14日，厦门大学文学院电影博物馆开辟"陈飞宝书房"。

2017年（77岁）　　　3月，中央台办宣传局聘请陈飞宝担任"涉台出版物审读专家组成员"。